어느 날,
하나님이
내게서 사라졌다

어느 날,
하나님이
내게서 사라졌다

신소영 지음

국제제자훈련원

contents

story 1

노아

intro

이 세상에서 별종으로 산다는 건 쉬운 일이 아닙니다. 무엇보다 사람들의 시선, 충고, 참견, 판단을 끊임없이 견뎌야 하니까요. "그런 것 따위는 중요하지 않다"고 말하기는 쉽지만 실제로 자신이 주변 사람들에게서 따돌림을 당하면 참기가 힘들어집니다.

때로 하나님은 크리스천들에게 따돌림을 겪도록 허락하실 때가 있습니다. 그래서 인내함으로 시련을 받아들이며 오직 하나님의 뜻이 온전하게 이루어지기를 소망하게 하십니다. 나의 허물과 미숙함 때문에 따돌림을 당하는 것은 당연하고 억울할 것도 없지만, 나의 잘잘못이 아니라 하나님이 의도적으로 연출하신 것이라면 이야기가 달라집니다.

성경에는 우리 입장에서 보자면 다소 억울해 보이는 왕따들이 등장합니다. 당대의 의인이라고 하나님께 인정받을 만큼 경건한 삶을 살았지만 왕따를 당할 수밖에 없었던 노아. 왕따가 되는 것을 감수하면서 하나님이 시키시는 대로 다했지만 돌아오는 것은 욕이고, 비웃음이고, 손가락질이었지요. 순종의 결과 치고는 참 혹독했습니다.

게다가 '인내를 다 이루었다'고 생각한 그 지점에서 하나님은 갑자기 '멈춤' 버튼을 누르고는 사라져 버렸습니다.

그의 이야기 속으로 한번 들어가 볼까요?

노아의 가족은 오랫동안 왕따로 살아왔습니다.

 사실 처음부터 그랬던 것은 아닙니다. 결혼하고 자식 낳고 살면서 이웃들과 잘 지낸 적도 있습니다. 물론 노아는 그들의 문란하고 쾌락적인 삶의 방식에 동의하거나 동조한 것은 아니었지만, 그렇다고 해서 그들을 외면한 채 살지도 않았습니다.

 그러나 사람들은 노아와 노아의 가족을 가만두지 않았습니다. 노아에게 함께 집장촌에 가자고 유혹도 하고, 건전하지 않은 모임에 초대도 했습니다. 한두 번도 아니고 매번 그런 제안을 거절하는 건 정말 곤혹스러운 일이었습니다.

 그런 노아를 사람들은 이상하게 여겼습니다.

"나는 단지 그런 일에 취미가 없을 뿐이야."

"에이, 좀 솔직해져 보라고. 즐겁게 한번 놀아 보자는 건데 얼마나 좋아. 이 세상에 쾌락을 싫어하는 사람도 있나?"

"쾌락보다 더 중요한 게 있지. 난 그것에 더 가치를 두기 때문에 그런 데는 관심이 없다네."

사람들은 노아의 대답에 고개를 갸우뚱거렸습니다. 그들의 눈에 노아는 도무지 이해할 수 없는 별종이었습니다.

다행히 노아의 완곡한 거절이 거듭되자 더 이상 사람들은 건전하지 않은 자리에 노아를 부르지 않았습니다. 노아는 왠지 그런 자리가 불편했습니다. 왜 사람들이 그런 자리에 꼭 누군가를 데려가려 하는지 이해할 수 없었습니다.

노아를 유혹하는 것은 그뿐만이 아니었습니다. 사람들은 돈이 되는 일이라면 서슴지 않고 했습니다. 사람을 사고파는 일부터, 성전에서 매음과 장사를 하기도 했습니다. 고아나 과부를 돌아보기는커녕 그들을 착취의 수단으로 삼기까지 했습니다. 자신의 이익을 위해 다른 사람을 속이는 일도 빈번했습니다. 사람들이 대놓고 사기를 치는 통에 노아는 분통을 터트리곤 했습니다.

　어떤 때는 제사를 지내기 위해 성전을
가는 것조차 곤혹스러웠습니다. 성전은 더 이상
하나님이 기뻐하는 장소가 아니었습니다.
장사치와 성매매꾼의 소굴이 되어 버렸습니
다. 사람들은 절기마다 예배를 드린다며 성전
으로 모여들었지만 명목뿐인 예배였습니다.
그런 사람들을 볼 때마다 노아는 발걸음이
무거웠습니다. 하나님은 온데간데없고

자기 욕심만 채우는 예배가 과연 무슨 의미가 있을까, 그런 회의가 들었지요. 하지만 그렇다고 해서 예배를 드리지 않을 수도 없는 노릇이었습니다. 그럴 때마다 노아는 그들과 함께 살아가려면 자신도 그들처럼 살아야 하는 것 아닌가 하는 생각마저 들었습니다.

scene 2

그러던 어느 날이었습니다. 이웃 마을에 사는 큰 용사들이 마을로 들이닥쳤습니다. 한눈에 보기에도 그들은 사람들을 위협할 만한 체구를 갖추고 있었고, 외모도 뛰어났습니다. 사람들은 그들의 위용에 기가 질려 소리를 죽이고 가만히 눈치만 봤습니다.

용사들은 과시라도 하듯이 큰소리로 떠들며 사람들을 위협했습니다. 그들은 무자비함으로 무장되어 있는 것 같았습니다. 노인과 어린아이들을 함부로 대하고 부녀자들을 희롱했습니다. 그러나 그들에게 대항하는 사람은 한 명도 없었습니다. 노아도 겁이 나서 가만히 집에서 그들을 지켜만 보았습니다.

그때 갑자기 어디선가 한 노인이 그들의 앞길을 가로막았습니다. 순간, 정적이 흘렀습니다. 큰 용사들은 잠시 멈칫하더니 이내 가소롭다는 듯 그 노인을 쳐다보았습니다.

　　"여기서 사람들을 위협하지 말고 어서 당신들이 사는 곳으로 돌아가시오."

　　그는 큰 용사들에 비해 체구는 작았지만 목소리나 태도만큼은 꿀리지 않았습니다. 용사들은 일제히 웃기 시작했습니다. 주위에 있던 사람들은 공연히 그들의 심기를 건드려 무슨 일이 일어나는 것은 아닌가 해서 두려움에 떨었습니다. 심지어 큰 용사들 편에 서서 노인을 비난하는 사람도 많았습니다.

　　"어서 길을 비키지 못해? 이분들은 지금 싸우러 가는 길에 잠깐 우리 마을을 통과하는 것 뿐이라고. 영광인 줄 알아야지."

　　자칫 하면 마을 사람들이 먼저 그 노인을 때려잡을 것 같은 기세였습니다. 큰 용사들은 바로 네피림이었습니다. 이스라엘 민족이 이방 민족과 결혼해 낳은 자손이었지요. 그들은 전쟁에 나가 힘을 과시해, 당시 큰 명성을 떨치고 있었

13

습니다.

그래서 사람들은 네피림이라면 사족을 못 썼습니다. 외모와 능력이 뛰어난 그들은 겉으로 보기에 매우 그럴 듯해 보였으니까요. 오늘도 그들을 대접하느라 마을에서 흥청망청하고 문란한 잔치가 이어질 게 분명했습니다. 사람을 제물로 드리는 제사, 난잡한 성 행위로 드리는 제사, 남색, 문란한 성문화, 착취, 살인 등 당시 사람들은 제정신이 아니었습니다.

그때였습니다. 그 작은 노인이 다시 크게 외쳤습니다.

"너희 모두 구역질이 난다. 너희는 인간으로서의 가치를 스스로 던져 버리고 짐승만도 못한 삶을 선택했다."

그러자 사람들은 성이 나서 그 노인을 죽이려고 달려들었습니다. 그때 누군가 재빨리 노인의 손을 잡아끌었습니다. 노아였습니다.

"아버지! 정신 있으세요?"

그 노인은 바로 노아의 아버지 라멕이었습니다.

무사히 집에 도착한 노아는 라멕을 걱정스러운 눈빛으로 살폈습니다. 다행히 다친 곳은 없었습니다.

"아버지, 제정신이세요? 그 사람들이 어떤 사람인지 잘 아시잖아요. 큰일이라도 당하면 어쩔 뻔했어요?"

노아의 걱정은 아랑곳하지 않고 라멕은 화가 나고 답답하여 계속 씩씩거렸습니다.

"정말 말세구나."

노아는 차를 한 잔 내주며 아버지 라멕을 가만히 바라보았습니다. 비록 지금은 화가 나서 얼굴이 붉으락푸르락 달아올랐지만 깊은 눈매에는 여전히 기품과 위엄이 가득했습니다. 노아는 아버지의 그런 기운을 좋아했습니다.

"하루 이틀 일도 아닌데 뭘 그렇게 화를 내세요?"

"그래서 더 화가 나는 거다. 내가 하나님이라면 이 세상을 아주 다 쓸어버렸을 거야."

"아버지 혼자서 이 세상을 바꿀 수 있는 게 아니잖아요. 위험한 일에는 공연히 나서지 마세요."

그때 머리가 하얗게 센 노인이 방에서 나오며 말했습니다.

"어쩌면 이 세상은 악인들 때문에 망하는 게 아닐 것이다. 악한 일을 방관하는 사람들 때문에 파괴되는 것이지."

므두셀라, 노아의 할아버지였습니다.

얼마 뒤, 노아는 사촌의 아들 결혼식에 참석하기 위해 아들들과 함께 집을 나섰습니다. 자꾸 비뚤게 나가는 아들 걱정에, 어서 가정을 꾸리면 정신을 차리지 않겠느냐고 하더니 그새 배필을 구한 모양이었습니다. 소식을 들자 하니 그 집도 믿음의 자녀가 아닌 하나님을 모르는 여자를 얻은 것 같았습니다.

'우리 아들들도 곧 누군가와 혼인해야 할 텐데, 어디서 경건한 여인을 찾는단 말인가?'

노아는 한숨이 나왔습니다.

결혼식에 도착한 노아는 깜짝 놀랐습니다. 그야말로 난장판이었습니다. 사촌은 웃는 건지 우는 건지 알 수 없는 표정으로 노아를 맞으며 묻지도 않은 답을 했습니다.

"경건한 여자는 지루해서 싫다고 하더군요. 예쁘고 날씬하고 섹시하면 그만이래요. 자기 친구들도 요즘엔 다 이곳 여자들하고 결혼한다고 어찌나 졸라대던지."

신랑 신부는 웃고 있었지만 왠지 위태로워 보였습니다. 시간이 지날수록 파티 분위기도 휘청거렸습니다. 노아는 더 있기가 불편해져서 자리에서 일어났습니다.

집으로 돌아오는 길에 노아는 아들들에게 물어보았습니다. 자신의 아들들도 이 세상 여자들에게 마음을 빼앗겼는지 궁금했습니다.

"경건한 집안의 여자는 촌스럽고 지루할 거라고 생각하는 게 일반적이에요. 사람들이 재미있다고 여기는 모임이나 자리에 관심을 두지 않으니까요."

큰아들 셈이 대답했습니다.

"너희들도 그렇게 여기느냐?"

"무엇에 아름다움과 재미의 기준을 두느냐의 차이 아닐까요? 저는 어머니가 촌스럽거나 지루하다고 느낀 적이 한 번도 없거든요. 어머니의 명랑함은 늘 우리를 즐겁게 하죠. 어머니는 주변을 환하게 만드는 재주가 있는 것 같아요. 그리고 어머니를 만나는 사람은 자신이 특별한 존재가 된 것 같다고 말해요. 그건 전혀 촌스럽거나 지루하지 않죠. 세상 다른 여자들과는 비교가 되지 않는 매력이잖아요."

그 말에 노아는 마음이 놓였습니다.

어느덧 어두워져 하늘에는 달이 떠올랐습니다. 노아는 잠시 멈춰 서서 나지막하게 고백했습니다.

"주님. 세상은 자꾸 보이는 것을 좇아갑니다. 그러나 저는 보이지 않는 하나님을 따르겠습니다."

노아는 그날로 경건한 집안의 규수들을 알아보고는 자신의 세 아들들과 맺어 주었습니다. 그때 노아의 아들들은 친구들에게서 적잖이 놀림을 당해야 했습니다. 시대에 뒤떨어지는 구닥다리 집안이라고 비웃음을 받았습니다.

"다수의 말이 언제나 다 옳은 것은 아니란다. 그걸 분별할 수 있어야 한다. 중요한 건 하나님이 어떻게 보시느냐는 거야."

그때만 해도 노아는 그저 '별종' 취급을 받았을 뿐, 왕따를 당하지는 않았습니다. 그날의 사건이 일어나기 전까지는요.

scene 4 별다를 것이 없는 평범한 날이었습니다. 여느 날처럼 노아는 천천히 들을 거닐며 묵상을 하고 있었습니다. 그때 한 음성이 들려왔습니다.

"노아야."

노아는 순간적으로 하나님이 부르신다는 것을 알아채고, 얼른 땅에 엎드렸습니다.

18

"내가 이 패역한 땅을 심판할 것이다. 사람들의 행위가 다 악할 뿐이구나. 너는 이제부터 내가 이르는 대로 하거라."

노아는 "네"라고 대답하려 했지만, 두려움 때문에 목에 걸려 나오지 않았습니다.

"방주를 지어야 한다."

하나님은 홍수로 땅을 심판할 것이므로 방주를 짓고, 노아 가족을 데리고 각종 동물들과 함께 그 안으로 들어가 심판을 피하라고 말씀하셨습니다. 노아는 하나님 말씀이 너무 엄청나서 도무지 받아들여지지가 않았습니다.

"네가 이해하든 안 하든 상관없다. 단지 너는 내 명령대로만 하면 된다."

하나님은 방주의 크기를 자세하게 설명해 주셨습니다. 그 규모를 듣고 노아는 더 할 말이 없어졌습니다.

길이 300규빗(135미터), 폭 50규빗(22.5미터), 높이 30규빗(13.5미터). 그냥 배가 아니라 어마어마한 선박의 수준이었습니다. 이 정도 규모라면 못해도 100년은 족히 잡아야 완성될 것 같았습니다.

'나보고 100년 동안 방주를 지으라고? 이런 세상에!'

　　노아로부터 그 소식을 들은 라멕과 므두셀라는 뭐라 표현할 수 없는 표정이 되었습니다. 슬픔과 결연함이 공존하는 묘한 표정이었습니다.

　　므두셀라가 입을 열었습니다.

　　"드디어 하나님의 때가 찼나 보군."

　　그러나 노아에게는 감당하기 어려운 무게의 명령이었습니다.

　　"이건 정말 정신 나간 일이에요. 아, 하나님. 왜 하필 제게 이런 일을……."

노아는 절망 섞인 항변을 할 뿐이었습니다. 하지만 순종해야 한다는 것을 그 누구보다 노아 자신이 잘 알고 있었습니다.

"너 혼자 하는 게 아니다."

라멕과 므두셀라는 가만히 노아의 어깨를 토닥여 주었습니다.

그때부터였습니다. 노아와 노아의 가족이 왕따와 조롱의 대상이 된 것은.

그를 힘들게 하는 문제는 외부에만 있는 것이 아니었습니다. 의심과 회의, 불안과 두려움, 그리고 선택. 그 무엇보다 가장 힘든 싸움은 바로 노아 자신과의 싸움이었습니다.

그날 이후로 노아는 정상적으로 생활할 수가 없었습니다. 엄청난 규모의 방주를 짓기 위해서는 나무도 베어야 하고, 그 나무를 날라야 하고, 또 규모에 맞게 맞춰 나가야 했습니다. 그 일은 노아 가족의 힘만으로는 도저히 할 수 없는 작업이었습니다. 할 수 없이 사람들에게 도움을 요청했습니다.

노아와 친하게 지내던 이웃들은 그렇게 큰 방주를 짓는 일 자체가 이해되지 않았지만, 그래도 모른 척할 수가 없어 함께 작업을 시작했습니다. 또 개중에는 정말 심판이 있을지도 모르니 믿져야 본전이라는 심정으로 참여하는 사람도 있었습니다.

그렇게 시간이 얼마나 흘렀을까요? 더 이상 일을 못하겠다고 그만두는 사람들이 생겨나기 시작했습니다. 처음에는 의리 때문에 마지못해 왔던 사람들, 혹시나 하는 마음으로 함께했던 사람들의 인내심이 한계에 이른 것입니다. 일이 이쯤 되자, 노아는 어쩔 수 없이 품삯을 주고 일꾼들을 샀습니다. 사람들은 품삯 때문에 어쩔 수 없이 일을 하기는 했지만, 그들의 표정에는 노아를 향한 비웃음과 경멸의 빛이 역력했습니다.

"큰 홍수가 온다고요? 그렇다고 이렇게 배를 크게 지을 필요가 있습니까? 이런 규모로 배를 짓는다는 건 처음부터 말도 안 되는 일이었습니다. 당신의 하나님이 당신에게 농담한 것 아닙니까?"

사람들의 비아냥거림은 그칠 줄 몰랐습니다. 처음에 노아는 그런 취급을 당하는 것이 몹시 불편하고 불쾌했지만, 사람들의 시선 또한 방주를 만드는 일과 함께 받아들여야 하는 숙명임을 인정하게 되었습니다.

"저는 그냥 명령대로 할 뿐입니다. 그분은 분명히 말씀하셨고, 저는 거기에 순종할 뿐입니다. 그분의 뜻에 대해 시시비비를 가리는 건 제가 해야 할 일이 아닙니다."

그래도 노아 자신을 욕하고 조롱하는 건 참을 만했습니다. 그러나 세 아들이 당하는 피해는 노아도 미처 생각하지 못한 부분이었습니다.

한창 젊은 나이에 사회에서 소외당하고, 어디에도 어울릴 수 없는 삶을 살아야 하는 세 아들. 그래도 세 아들은 묵묵히 아버지의 일을 도왔습니다.

어느 날, 노아는 세 아들에게 나무를 해 오라고 일을 시켰습니다. 세 아들이 호숫가를 지나는데, 친구들을 만났습니다. 그들은 무슨 재미난 놀잇감이라도 발견한 듯이 노아의 세 아들을 에워싸고 놀려 대기 시작했습니다. 아무 반응이 없자 급기야 달려들어서는 호수로 세 사람을 던져 빠트렸습니다.

"홍수에 대비하려면 헤엄 연습도 해 두어야지."

놀리던 친구들이 사라질 때까지 세 사람은 아무 말도 없이 가만히 침묵했습니다. 그들이 사라지고 나자, 막내 야벳이 그제야 입을 열었습니다.

"형, 우리는 지금 잘하고 있는 걸까? 난 가끔 사람들의 말이 맞지 않을까 하는 생각이 들기도 해. 정말 터무니없는 일이잖아. 이러다가 아무 일도 안 일어나면 어떡해? 그땐 지금과는 비교할 수 없을 정도로 바보 취급을 당할 거라고. 정말 끔찍해."

큰형 셈은 한동안 말이 없었습니다. 그러다 어렵게 입을 열었습니다.

"말도 안 되는 일이지. 하지만 아버지를 믿으니까, 아버지의 하나님을 믿어. 어떻게든 결판이 나겠지. 방주가 다 지어진 후에 아무 일도 일어나지 않는다면……. 그땐 정말 우리 가족은 끝장나겠지. 하지만 정말 심판이 있다면…….”

셈은 잠깐 말을 쉬었습니다.

“그건 우리 가족이 끝장나는 것과 비교할 수 없을 만큼 엄청난 일이지. 지금으로서는 거기까지 가 보는 수밖에 없어. 그렇다면 견뎌야 해.”

셈은 동생들의 어깨를 토닥여 주었습니다. 세 아들은 흠뻑 젖은 서로를 보고 한바탕 웃음을 터트리고는 다시 집으로 발걸음을 돌렸습니다.

이상한 가족은 그날도 어김없이 방주를 지었습니다.

scene 5

제법 시간이 흘렀습니다.

믿음의 큰 기둥이었던 할아버지 므두셀라도 세상을 떠났고, 그와 동시에 그나마 노아와 잘 지내던 사람들마저 등을 돌렸습니다. 공연히 자신들이 피해를 당할까 하는 염려 때문이었습니다.

이제 조롱이라면 밥을 먹는 것만큼이나 익숙해졌습니다. 멍청이, 한심한 인간, 쓸데없는 일에 시간을 낭비하는 사람. 그나마 그렇게 대놓고 욕하는 사람들은 괜찮은 편입니다. 무슨 문둥병자를 본 것처럼 잔뜩 인상을 쓰고, 가까이 하면 대단한 불이익을 당할 것처럼 피하는 사람들도 있었습니다.

가장 기가 막힌 것은 품삯을 주고 고용한 사람들이 대놓고 노아 가족을 경멸하거나, 방주를 짓는 일 자체를 가치 없다며 무성의하게 일하는 것이었습니다. 품삯을 주면서 욕먹는 격이었습니다.

그때까지 묵묵히 노아를 돕던 노아의 아내는 마음에 깊은 상처를 받았습니다. 밥까지 먹여 주면서 친절하게 대하는데도 틈만 나면 노아 가족을 정신병자 취급하니 그럴 수밖에요.

"내가 여기 와서 일한다고 하기가 정말 창피해. 먹고살려니까 내가 별일을 다하네."

어떤 사람은 자신의 신세를 한탄하기까지 했습니다.

"내가 어쩌다가 저런 정신 나간 사람한테 품삯을 받고 일하는 처지가 되었을까?"

일꾼들에게 바보 취급을 당할 때면 정말 비참했습니다.

저들에게 피해를 끼친 것도 없는데, 나쁜 짓을 하거나 모욕을 준 적도 없는데 왜 저들은 끊임없이 욕하고 조롱하는 걸까요?

자신들과 생각이 같지 않아서?

자신들에게 동조하지 않아서?

정말 억울하고 분했습니다. 노아의 아내가 혼자 눈물을 삼키고 있는데 라멕이 곁에 다가와 앉았습니다.

라멕은 요근래 부쩍 기력이 쇠했지만, 여전히 믿음의 중심을 잃지 않았습니다. 다만 자신이 곧 떠날 때가 되었다는 것을 직감적으로 알았기에, 남은 가족들이 겪어야 할 고생들이 안쓰러워 어떻게든 격려해 주고 싶었습니다.

노아의 아내는 얼른 눈물을 훔쳐 냈지만, 이내 원망의 눈빛을 라멕에게 보냈습니다. 그러나 그 눈빛에는 따뜻한 이해가 담겨 있었습니다.

"우리는 경건하게 살아왔어요. 그런데 하나님은 왜 우리에게 이런 일을 시키시는 걸까요? 저는 심판 따위는 몰라요. 우리가 그런 엄청난 일에 사용될 만큼 대단하다고 생각하지도 않았어요. 그냥 평범하게 살고 싶었던 것뿐인데 어째서 이런 바보 같은 삶을 만천하에 드러내며 살게 하시는 걸까요? 저는 하나님을 사랑하지만, 때로는 그분이 하시는 일을 이해할 수가 없어요. 어떨 때는 꼭 우리를 망하게 하시려는 것 같은 기분이 든다니까요. 우리가 뭘 잘못한 건 아닐까요?"

라멕은 보일 듯 말 듯한 미소를 지었습니다.

"인간인 내가 그분의 생각을 다 알고 이해한다면 어찌 그분이 하나님이시겠니. 모든 길을 다 알고 나서 가겠다는 것 자체가 오만 아닐까? 하나님은 절대 실패하지 않는 분이라는 것, 난 그것을 확신할 뿐이다. 아담과 하와가 선악과를 먹어 하나님으로부터 분리되었고, 사람들은 그로 인해 죄에 빠지고 말았지. 그렇다고 해서 하나님이 실패했다고 할 수 있을까? 이 세상을 지으신 그분이? 그분은 이 세상을 지으신 분이기 때문에 없애실 능력도 있는 분이다. 이 세상을 보며 그분은 한탄하며 후회하실 수는 있지만 실패한 것은 아니란다. 그분은 다시 시작하려는 것뿐이야. 그 새로운 시작점에 우리 가족이 어떻게 사용될지 나는 알 수가 없다. 함께 홍수에 쓸려 갈지, 아니면 심판 없이 지나갈지……. 만약 하

나님이 홍수로 심판하겠다는 마음을 돌이키신다면 우리 가
족은 지금보다 더 심한 일을 겪을지도 모르지. 하지만 그렇
다 하더라도 아마 그건 하나님이 고통 속에서 세상 사람들
을 용서하기로 결정한 것이니 우리는 그 사실 또한 받아들
여야 할 거다."

"그럼 우리는 뭐예요? 꼭두각시처럼 일하다가 완전히 바
보가 되는 거잖아요. 그게 우리를 향한 그분의 사랑인가
요?"

"우리는 꼭두각시가 아니다. 우리는 선택할 수 있었다. 방
주를 지을 수도 있었고, 짓지 않을 수도 있었어. 그런데 짓
기로 선택한 거야. 지금도 마찬가지다. 그만둘 수도 있고,
계속할 수도 있지. 그런데 오늘은 계속 짓기로 선택한 것뿐
이야. 늘 우리 앞엔 선택이 있다는 거 잊지 말거라. 그리고

순종을 선택한 것에 대한 대가는 분명 우리한테 돌아올 거다. 그분은 계수하는 분이니까."

노아의 아내는 라멕의 말을 이해는 했지만 마음으로는 받아들여지지가 않았습니다.

그런데 바로 며칠 뒤 또 다른 일이 터졌습니다. 불량한 사람들이 와서 노아의 재산을 강탈해 간 것입니다. 그들은 남의 물건을 훔쳐 가면서도 당당했습니다. 아니, 오히려 노아의 가족들을 비웃었습니다.

"심판이 온다면서? 그러면 이런 물건들은 아무 소용이 없을 것 아니냐? 우리가 대신 처치해 주는 것이니 고맙게 여겨라. 바보 같으니라고."

강탈하는 것도 모자라 노아에게 오물까지 뿌리고 사라졌습니다. 온 가족이 망연자실한 채 서 있었습니다. 아무도 말을 꺼내는 이가 없었습니다. 노아가 먼저 일어났습니다. 그는 가만히 집으로 들어가 몸을 깨끗이 씻고 나와 아무 일도 없었다는 듯이 다시 방주 짓는 일을 시작했습니다. 하지만 그는 나직하게 울고 있었습니다.

그때 큰아들 셈이 다급한 목소리로 노아를 찾았습니다.

"아버지, 아버지! 할아버지가 이상해요."

순간, 좋지 않은 예감이 머리를 스쳤습니다.

노아는 얼른 라멕이 있는 곳으로 달려갔습니다. 하늘나라로 떠나는 그 순간에도 라멕은 노아를 향해 부드러운 미소를 잃지 않았습니다.

"방주에 함께 못 들어가게 되어 서운하구나. 흔들리지 말고 끝까지 가야 한다. 하나님은, 하나님은 너와 영원히 함께하실 것이다."

그렇게 라멕은 노아의 가족을 두고 하나님 품에 먼저 안겼습니다. 죽음 같은 침묵이 그들을 덮었습니다. 그들은 모두 소리 없는 눈물을 흘렸습니다.

scene 6

한동안 노아의 가족들은 망연자실한 채로 살았습니다. 가뜩이나 마음이 어려웠던 상황에서 집안의 기둥이었던 라멕이 세상을 뜨자 그 상실감이 모두의 마음을 흔들었습니다. 이제 홀로서기를 해야 하는 노아의 부담감은 실로 엄청나게 컸습니다. 모든 것이 원점으로 돌아간 듯한 허무함과 두려

움마저 느꼈습니다.

그때였습니다. 한 사내가 노아의 집을 찾아왔습니다.

"일할 때는 신나게 해야지요. 이거 원, 관 짜는 것도 아니고 분위기가 왜 이리 삭막합니까?"

가만 보니, 오래 전 친하게 지내던 이웃이었습니다. 장사를 하느라 멀리 떠났었는데, 집에 돌아온 모양이었습니다. 그렇잖아도 사람이 그리웠던 차에 그는 더할 나위 없이 반가운 손님이었습니다. 노아는 일하던 손을 놓고 그 남자에게 다가가 반갑게 인사했습니다.

그 남자는 라멕의 소식을 듣고 일부터 먼 길을 찾아온 것이었습니다. 노아는 반가운 마음에 저녁 식사에 초대했습니다. 그는 흔쾌히 응했습니다.

정말 얼마만의 손님인지, 노아의 아내는 신이 나서 준비를 했습니다. 비록 변변치 않은 음식이지만, 누군가 찾아왔다는 사실 자체가 정말 기쁘고 즐거웠습니다. 게다가 초대받은 남자는 밝고 유쾌했습니다. 장사를 다니면서 겪은 이야기를 재미나게 들려주어, 모두들 배가 아플 정도로 웃었습니다. 덕분에 슬프고 지친 노아 가족은 마음의 위로를 얻었습니다. 급기야 노아의 아내는 감격에 겨워 눈물까지 흘렸습니다.

"얼마 만에 이렇게 웃어 보는지 모르겠어요. 손님이 오신 것도 정말 오랜만이고요."

그 남자는 진심으로 이해한다는 듯한 표정으로 노아의 가족을 쳐다보았습니다.

"불량배들이 찾아와 나쁜 짓을 저질렀다더군요."

갑자기 정적이 흘렀습니다. 잠시 잊고 있었던 그 불쾌함이 다시 되살아나려 했기 때문입니다.

"그런데 궁금한 점이 한 가지 있습니다. 노아, 당신은 어떻게 그렇게 반응할 수 있지요?"

노아는 어리둥절했습니다.

"내가 보기에 당신은 단순히 화를 참는 것 같아 보이지는 않습니다. 뭐랄까요? 평안해 보입니다. 맞나요?"

노아는 잠시 생각에 잠겼습니다. 대답할 말을 신중하게 생각하는 것 같았습니다.

"반은 맞고, 반은 틀립니다. 사실 저도 울컥 화가 납니다. 화가 나서 대들고 싶을 때도 있고, 한편으로는 겁이 날 때도 있습니다. 저도 분명 흔들립니다. 그런데⋯⋯ 그런 순간마다 하나님의 음성이 들립니다."

"뭐라고 하시던가요? 당신의 그 가혹한 하나님은?"

"'노아야, 너는 지금 이런 순간에도 내가 네게 평안을 명령하면 평안할 수 있겠니?'라고 하시더군요."

"그래서 당신은 뭐라고 답하셨나요?"

"네, 주님. 그렇습니다. 전 평안할 수 있습니다."

그때 둘째 아들 함이 끼어들었습니다.

"어떻게 그러실 수 있죠? 그건 불가능해요. 전 정말 왜 하나님이 우리를 괴롭히는 이들에게 주먹을 날리시지 않는지 따지고 싶다고요."

노아가 대답했습니다.

"아들아, 하나님을 향해 'Yes' 할 때는 그것을 방해하는 나머지 마음에 대해서는 'No'라고 해야 한다. Yes와 No는 함께 있을 수 없는 법이야. 하나님이 평안을 명령하실 때 'Yes'라고 하려면, 평안을 깨는 모든 것에 대해서는 'No'라고 해야만 하지. 그렇게 하면 평안하라고 하는 그분 명령에 순종할 수 있단다."

노아의 말을 듣던 그 사람은 흐뭇하게 미소를 지었습니다.

"내가 방주가 완성될 때까지 살아 있다면 내 자리를 꼭 마련해 두시구료."

그의 유쾌한 기운 덕분에 노아 가족은 오랜만에 편안하게 저녁을 먹었습니다.

scene 7

점점 방주가 완성되어 가는데, 일꾼을 구하는 것은 갈수록 어려웠습니다. 방주에 대한 소문은 파다하여 대신 방주를 구경 오는 사람은 많았습니다. 그들은 방주의 규모를 보고 는 탄성을 지르다가도 자신들이 믿는 신념에 상처가 날까 싶어 이내 태도를 바꾸었습니다.

　"저렇게 큰 방주를 왜 이 산에다 짓는 거야? 비가 안 오면 어떡하나. 누가 바다로 끌고 나가지? 그때도 일꾼을 고용할 텐가?"

　"도대체 식구라고는 여덟 명밖에 안 되면서 왜 저렇게 크게 지은 거야? 설마 사람들이 살려 달라고 엄청나게 몰려오리라 착각한 건 아니겠지?"

　"살아 있는 동물들도 한 쌍씩 싣는다는군. 완전히 정신이 나갔어."

　일손이 부족한 노아는 그들의 말에 일일이 대꾸할 여유가 없었습니다. 게다가 귀에 못이 박히게 들은 말이라 이제는 외울 정도입니다.

시간이 지남에 따라 노아의 모습도 조금씩 바뀌었습니다. 검게 그을린 얼굴, 강인해 보이는 인상, 적당히 붙은 근육들. 분명 나이는 들었지만 건강하고 온화해 보였습니다.

사실 그동안 노아를 조롱하던 사람들 중에는 시선이 바뀐 사람들도 적지 않습니다. 노아의 경건하고 한결같은 성실함과 진심, 그리고 그 인품과 태도에 감동을 받아 욕하고 저주하기를 그친 사람들도 꽤 있었습니다. 노아를 찾아와서 은근슬쩍 말을 늘어놓기도 했습니다.

"저 사람 저거, 저 고집하고는. 허긴 저런 고집이 있으니 진짜 뭘 해도 하긴 하는구면."

"임금을 밀린 적이 한 번도 없었다지?"

"저 와중에 함께 일하던 일꾼의 아픈 자식들까지 도와주었다는군."

"좀 고지식하긴 해도 정직하고 믿을 만한 사람이지."

"하여간 별종이라니까."

가까이 가고 싶은 마음에 노아 주변을 맴도는 사람들도

있었습니다. 하지만 주변 시선이 두렵기도 하고, 이전에 노아 가족에게 함부로 했던 일들이 마음에 걸려 섣불리 다가오는 사람은 없었습니다. 사람들이 어떤 말을 내뱉든지 노아는 한결같은 태도를 취했습니다.

큰 인심이나 쓰듯이 충고하는 사람들도 있었습니다.

"사람이 융통성이 있어야지. 어딘가 빠져나갈 구멍 하나쯤은 만들어 놔야 하는 거 아닌가. 홍수가 나지 않을 가능성도 생각해야지. 그동안 하나님 마음이 변할지 누가 아나? 이런저런 가능성을 생각해 보고 대응책을 마련하란 말야."

빠져나갈 구멍이라……. 노아는 갑자기 웃음이 났습니다.

'빠져나갈 구멍이라는 게 있을까?'

애당초 그런 건 노아에게 없었습니다.

"방주를 지으라고 명령하셨기 때문에 방주가 필요 없다고 여기시면 그것 또한 저에게 말씀하실 겁니다."

그 한마디에 모두 입을 닫았습니다. 노아의 믿음이 대단해서가 아니었습니다. 그 꽉 막힌 고집에 기가 질린 것이었습니다. 그들 눈에는 노아가 그저 고약한 고집불통으로 보일 뿐이었습니다.

어느 날, 아들 셈이 다가와 물었습니다.

"아버지. 배가 거의 다 완성되어 가네요."

노아는 고개를 끄덕이며 대답했습니다.

"그렇구나. 정말 긴 시간이었다."

"아버지는 그동안 아버지 인생이 아깝다고 생각해 본 적이 없으세요?"

셈은 진지하게 물었지만 결코 무례하지는 않았습니다.

"아깝기로 따지자면 그분이 더 아깝지 않겠느냐? 나는 고작 내 인생 하나뿐이다. 하지만 그분은 자신이 지은 모든 세상을 잃어야 하잖니. 그런 분 앞에서 아깝다고 말할 염치가 나에게는 없구나."

셈은 노아의 말을 듣고 미소를 지었습니다.

"하나님은 아버지 같은 사람을 두어서 참 좋으시겠어요. 그런데 정말 아버지는 한 점의 의심이나 후회가 없었나요?"

셈의 물음에 노아는 긴 한숨을 내쉬었습니다. 어떤 의미의 한숨이었는지는 잘 알 수 없었습니다. 노아는 담담히 대답했습니다.

"나는 특별한 사람이 아니란다. 여기 사는 사람들과 똑같지. 화내고 의심하고 흔들리는 사람. 내가 늘 흔들리고 있다면 믿어지니?"

그러자 셈이 되물었습니다.

"그러면 조금 전에 했던 고백은 무엇이죠? 아버지는 확신이 있기 때문에 그렇게 말한 게 아니었나요?"

"아, 그것은……."

노아는 숨을 한번 들이쉬고 나서 말을 이었습니다.

"그것도 진심이란다. 다만 내가 말하고 싶은 것은 나 역시 의심과 두려움이 많은 사람이라 시시때때로 흔들린다는 사실이야. 특별한 믿음을 갖고 있거나 하나님께서 내게 특별한 장치를 해 둔 게 아니라는 뜻이지. 나도 당연히 흔들린다. 내가 하는 일이 맞는 것인지 의심한 적도 있었어. 그분은 내게 명령하신 이후로는 다른 말씀을 하시지 않았으니까. 사람들이 내게 말한 것처럼 그분 마음이 변하신 것은 아닌지 두려운 적도 있었다. 처음에는 확신을 갖고 시작한 특별한 일도 시간이 지나면 평범한 일상이 되듯이 하나님의 명령도 나에게 그렇게 느껴질 때가 있었단다. 더 두려운 것은, 정말 그때가 되었을 때 아무 일도 일어나지 않는 것이

다. 심판이 두려우면서도 심판이 없을까 봐 두렵기도 해. 나는 이렇게 늘 위태로운 줄타기를 하고 있단다."

"그러면 아버지의 믿음은 위선입니까?"

"아니다."

노아는 단호하게 말했습니다.

"나는 분명 흔들리지만 그러면서 굳게 세우고 있는 중이다. 의심과 회의로 흔들리지만 그렇다고 해서 그분을 떠나거나 그분 명령을 거역할 수는 없다. 그분이 무서워서가 아니라…… 다른 사람이 뭐라고 해도 난 그냥 그분의 존재가 믿어진단다. 의심과 회의는 내 불완전함 때문에 생기는 것이지 그분이 불완전해서 생기는 게 아니니까. 다행히 그분은 흔들리는 나를 한 번도 질책하신 적이 없단다."

"그렇지만 아버지를 칭찬하신 적도 없으시잖아요."

순간, 노아는 움찔했지만 장난스럽게 한숨을 쉬며 말했습니다.

"물론 그분이 나타나셔서 '네가 가는 길이 맞다'고 확인해 주시거나 '네 마음을 안다'고 한마디만 해 주시면 좋겠다고 생각할 때도 있었지. 그분 대신 네가 해 주면 안될까?"

두 사람은 무거운 분위기를 털어버리듯 웃었습니다.

"아버지, 정말 아버지는 의로운 사람이세요. 하나님도 분명 그렇게 여기실 거예요."

노아가 웃으며 대답했습니다.

"부디 그러기를 바란다."

scene 9

아. 얼마나 많은 시간을 지나왔을까요. 이제 그 모든 시간이 끝날 시점에 다가왔습니다.

노아의 얼굴은 정말 많이 변했습니다. 깊게 패인 주름, 무감각해 보이는 눈매, 굳게 다문 입술은 그의 강한 의지를 여실히 드러냅니다. 거기에 더해 보통 사람은 범접할 수 없는 깊은 고독과 위엄까지 느껴집니다.

모든 것이 끝나 가는 이 시점, 그는 오히려 알 수 없는 마음이 되었습니다.

'하나님은 정말 모든 것을 끝내실까.'

'이 세상은 다 끝나 버리는 걸까.'

마음 한편이 아려 옵니다.

　　그들에게 당한 것을 생각하면 체증이 내려가듯 시원할 줄
알았는데, 스스로도 당혹스러울 정도로 고통스러웠습니다.
그때였습니다. 세 아들이 다가와 물었습니다.

　　"이제 방주를 다 지었으니 필요한 것을 채워 넣어야겠어
요. 우선 먹을 것부터 들여놓으면 될까요?"

　　"그러자."

　　"동물들은 어떻게 해야 하죠?"

"그건 하나님께서 하실 것이다."

노아네 가족은 막판 준비에 박차를 가했습니다. 이제 마지막 커튼을 남기고 있는 셈입니다. 이 커튼을 젖히면 어떤 일이 생길까요? 이제 정말 끝이 보이는 듯했습니다.

그때 놀라운 일이 벌어졌습니다.

먹을 것을 다 채워 넣자, 누가 시킨 것도 아닌데 동물들이 암수 짝을 이뤄 노아의 방주 쪽으로 모여들었습니다. 덩치가 큰 동물들은 새끼들이 짝을 이뤄 찾아왔습니다. 정말 신기한 일이었습니다. 노아 가족은 빠진 녀석들이 없는지, 놓친 물건은 없는지 꼼꼼히 체크하면서 마음 한편으로는 사람들을 기다렸습니다.

노아의 아들들은 심판의 메시지를 전하며 방주로 들어오

라고 간절하게 외치며 돌아다녔습니다. 하지만 헛수고였습니다.

노아는 이제 방주의 문을 닫을 때가 되었다는 것을 직감적으로 깨달았습니다. 노아는 사람들을 향해 마지막 경고의 말을 전했습니다. 그리고 방주의 문이 닫히는 시간을 알려 준 뒤, 그때까지만 기다리겠노라고 말했습니다.

얼마쯤 지났을까요?

시간이 가까워오자 사람들이 몰려오기 시작했습니다. 노아는 자신의 눈을 의심했습니다.

"잘 오셨소. 어서 들어오시오."

눈물이 날 것 같았습니다. 정말 감격스러웠습니다. 노아는 얼른 사람들을 안내했습니다. 그런데 이게 웬일입니까.

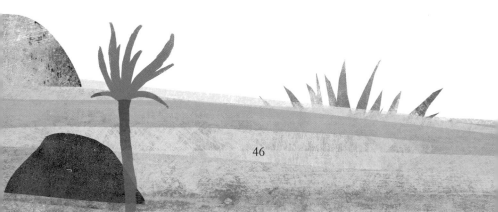

그들은 방주에 들어가기 위해 온 것이 아니었습니다. 노아를 조롱하기 위해 왔던 것입니다.

"우리까지 정신병자를 만들려고 그러나? 한 번 봅시다. 문이 닫히고 비가 오는지 안 오는지. 우린 그걸 보러 왔소."

노아는 다리에 힘이 풀렸습니다. 이미 그들 마음은 굳어 버린 상태였습니다. 절망스러우면서도 한편으로는 가벼워 졌습니다. 이제 이후에 일어나는 모든 일에 대한 책임은 저들에게 돌아갈 테니까요. 노아는 굳게 입을 다물고 방주의 문을 닫았습니다.

"쾅!"

문이 닫힘과 동시에 사람들의 비웃는 소리가 울려 퍼졌습니다.

"잘 가시오, 노아. 다시는 보는 일이 없기를."

"뭐야. 구름 한 점 없이 해만 쨍쨍 비치는구먼."

"기다려 보게. 소나기라도 올지 누가 아는가?"

그렇게 사람들은 오랫동안 방주 밖에서 이 놀이를 즐겼습니다. 사람들의 비웃음 소리와 야유가 점점 커졌습니다.

"정말 비가 안 오면 어떡하죠?"

함이 근심 섞인 얼굴로 말했습니다.

"7일 후에 비를 내리겠다고 하셨으니 기다려 봐야지."

시간이 조금 지나자 밖에서 야유하던 사람들도 하나둘씩 떠났습니다. 이제 그곳에는 노아의 방주밖에 없었습니다. 조용해진 것을 확인하자 야벳이 물었습니다.

"사람들이 다 집에 갔어요. 아버지, 밖에 나가 볼까요?"

"아니다. 그래서는 안 돼. 이미 방주의 문은 닫혔어. 우리가 해야 할 일은 기다리는 것뿐이다. 시간을, 그리고 사람들을. 자, 이제 우리가 해야 할 일들을 하자. 동물들을 보살펴야지, 어서."

노아는 아무렇지도 않게 가족들을 안심시켰습니다. 하지만 사실 노아의 마음속에도 작은 바람이 일고 있었습니다.

첫째 날 밤이 지났습니다. 날이 밝았습니다. 해가 자태를 뽐내며 세상을 비췄습니다.

비가 올 기미는 전혀 없었습니다. 아직 6일이나 남았는데 공연히 마음이 초조해졌습니다. 날씨도 신경 쓰이고, 또 혹여나 한 사람이라도 마음을 돌이키지는 않았는지 이런저런 생각이 머릿속을 꽉 채웠습니다.

다시 사람들이 몰려와 노아의 방주 곁에서 한껏 비웃었습니다.

"이거 비가 안 와서 어쩐다?"

"노아, 자네 창피하지? 다시 나오기가 쉽지 않겠지만, 매도 먼저 맞는 게 낫다고, 이럴 땐 한시라도 빨리 나오는 게 낫다네."

"우리, 노아네 가족이 언제 나오나, 내기할까?"

"좋지. 그거 재미있겠는걸."

사람들은 무슨 재미있는 일이라도 생긴 양 와자지껄하고 떠들었습니다.

하지만 노아는 평정심을 잃지 않게 위해 애를 썼습니다. 그러면서도 순간순간 7일이라는 시간이 억겁의 시간처럼 길게 느껴졌습니다.

아래층으로 내려온 노아는 수많은 동물을 보았습니다.

'하나님은 이들을 하나같이 이끌어 오지 않으셨던가.'

노아의 힘으로는 절대 불가능한 일이었습니다. 그렇게까지 하신 하나님이 비를 내리지 않을 리가 없다고 스스로를 다독였습니다.

그러나 시간이 지날수록 무언가 불편한 기류가 방주 안에 흐르기 시작했습니다. 그렇게 이틀이 지났습니다.

갑자기 쾅쾅 하는 소리가 들렸습니다. 노아와 가족은 깜짝 놀라서 움직이지 않고 가만히 있었습니다. 바깥을 볼 수 없기 때문에 무슨 일인지 소리로 들을 수밖에 없었습니다.

"노아!! 노아!!"

귀에 익은 목소리였습니다.

"날세."

전에 라멕이 세상을 떠난 뒤에 찾아왔던 이웃이었습니다. 반가움이 밀려왔습니다.

"어서 오세요. 그렇지 않아도 안 오시나 걱정하고 있던 차였습니다."

노아가 흥분한 목소리로 말했습니다. 그런데 가만 들어 보니 혼자였습니다. 방주에 들어오려면 가족과 함께 왔을 텐데 무언가 느낌이 이상했습니다. 그는 아주 곤란한 말투로 말했습니다.

"난 자네를 믿네. 하지만 내 아내가 절대로 올 수 없다고 하더군. 비가 오지 않으면 그 다음에 벌어질 일들이 끔찍한 모양이야. 좀 더 솔직히 말하면 아내는 자네가 미쳤다고 생각하고 있어. 도무지 설득할 수가 없었네. 그렇다고 가족을 버리고 나 혼자 올 순 없지 않나."

이미 그는 아내에게 설득당한 눈치였습니다. 그러고는 오히려 서둘러 노아를 설득하러 온 것이었습니다.

"노아, 자네가 지금 얼마나 곤란한 상황인지 알고 있어. 그런데 언제까지 그 안에 있을 수는 없지 않나. 비가 올 기미는 전혀 보이지 않는단 말일세. 이제 이쯤에서 그만두고 나오는 게 어떻겠나? 내가 자네와 자네 가족을 잘 보호해 주겠네. 약속할게."

노아는 코끝이 시려 왔습니다. 그래도 이렇게 찾아와 준 것이 고마웠습니다.

그때 함이 나섰습니다.

"아버지, 저분 말씀이 옳아요. 하나님도 이 정도면 인정하고 칭찬하실 거예요. 아니면 잠시 나갔다가 비가 올 기미가 보이면 다시 들어와도 되잖아요. 어차피 우린 방주를 다 지었고, 방주는 우리 거니까요. 지금이 기회예요. 아버지."

가족들은 모두 숨을 죽인 채 노아를 쳐다보았습니다. 말은 안 하고 있지만 모두 비슷한 마음인 것 같았습니다.

그러나…….

노아는 고개를 저었습니다.

"하나님께서 방주에 들어가라고 명령하셨다면, 나오는 것도 명령하실 거다. 7일 후에 비를 내리신다고 하셨으니 그때까지는 무조건 기다려야 한다. 내 마음대로 명령을 바꿀 수는 없어."

노아는 말을 마치고 다시 꼭대기 층으로 올라갔습니다. 막내며느리가 털썩 자리에 주저앉았습니다. 또 다시 무거운 침묵이 이어졌습니다.

"자, 우리가 해야 할 일을 하자. 동물 우리를 청소해야지."

셈이 아무 일도 없었다는 듯이 자리에서 일어나며 말했습니다. 그리고 애써 명랑하게 말했습니다.

"적게 먹어서 그런지 배설하는 양이 많지 않네요. 이 녀석들도 눈치 하나는 빠르다니까요."

이런 상황에서 무슨 말을 할 수 있을까요? 아무런 답이 보이지 않는 상황, 그저 그 안에서 가만히 시간이 흐르기만을 바랄 수밖에 없는 상황.

모두 그렇게 제자리로 돌아갔습니다.

노아는 다시 혼자 방주 꼭대기에 있는 작은 방에서 무릎을 꿇었습니다. 기도를 하려 했지만 아무런 기도도 나오지 않았습니다.

노아는 펜을 꺼내어 글을 쓰기 시작했습니다.

「하나님께서 명령하셨고 나는 순종했다. 사람들의 비웃음을 참으며 오랜 시간 동안 방주를 지었다. 그런데 지금…… 왜 이렇게 불안한 걸까? 과연 비가 내릴 것인가? 홍수로 이 세상을 심판하신다는 음성을 내가 제대로 들은 걸까? 하나님이 마음을 바꾸신 것은 아닌가? 그동안의 노력이 모두 수포로 돌아간다면? 헛고생한 것이 된다면? 그동안 나만 믿고 따라온 가족들에게 뭐라고 설명해야 할까? 왜 7일을 두신 걸까? 이미 방주 문은 닫혔는데. 그만큼 기다렸는데 더 기다릴 시간이 필요하셨던 걸까? 만약 그렇다면 비라도 내리면서 경고하시지. 그래야 솔깃하기라도 할 텐데. 아무것도 모르겠다. 정말 아무것도……」

노아는 펜을 놓고 깊게 한숨을 내쉬었습니다. 한참을 그렇게 가만히 앉아 있다가 자리에서 일어났습니다. 밖으로 나가 보니 가관이었습니다. 빛도 제대로 들어오지 않는 곳에 짐승들의 울음소리가 가득하고 미처 치우지 못한 배설물들 때문에 악취가 진동했습니다. 노아는 다시 혼자 다락방으로 올라갔습니다.

이번에는 무릎을 꿇었습니다. 신음 소리 같은 기도가 노아의 입에서 흘러나왔습니다.

"주님, 마음을 지킬 수 있게 해 주십시오. 그동안 숱한 위기를 지나왔는데, 지금 견뎌야 하는 이 7일이 저에게는 가장 무겁고 두려운 시간입니다."

사흘이 더 지났습니다.

가족들 사이에서는 무거운 침묵이 계속되었습니다. 그 침묵에는 두 가지 의미가 있었습니다.

첫째는 아슬아슬한 믿음이었습니다. 언제라도 깨어질 수 있는 거짓 평화, 할 수 있는 것이 아무것도 없기 때문에 어쩔 수 없이 선택한 믿음, 하지만 조금의 여지라도 발견하면 금세 배신할 수 있는 불안정하기 짝이 없는 믿음이었습니다.

그리고 또 하나, 두려움이었습니다. 앞으로 어떻게 될지 모른다는 두려움, 하나님의 마음이 변했을지도 모르기 때문에 내던져질 수 있다는 두려움, 애초부터 방주 프로젝트는 허황된 망상이었을지도 모른다는 두려움, 그리고 이 두려움이 현실이 될지도 모른다는 두려움에 그들은 완전히 압도당하고 있었습니다.

노아는 더 이상 이대로 있어서는 안 되겠다고 생각했습니다. 어떻게든 이 불신과 두려움의 공기를 깨트려야 했습니다. 그렇지 않으면 비가 오기도 전에 모두 질식해서 죽을 것 같았습니다. 마치 무덤 속에 갇힌 느낌이었습니다.

하지만, 노아는 아무것도 할 수 없었습니다. 아니, 솔직히 말해서 할 수 있는 게 없었습니다. 힘을 내자는 격려의 말도 공허하고, 한번 기다려 보자는 말도 무의미했습니다.

그때였습니다. 아주 가만히 저 안에서 작은 목소리가 들렸습니다.

"노아, 너는 왜 두려워하느냐?"

노아는 흠칫 놀랐지만 마음속에서 들리는 소리에 정직하게 대답하기로 했습니다.

"방주 밖의 저 사람들은 돌아올 사람들이 절대 아닙니다. 그동안 전혀 말을 듣지 않았고, 방주 문이 닫힌 뒤에도 눈 하나 깜짝하지 않고 있습니다. 저 사람들의 모습이 지긋지긋합니다. 방주를 짓는 그 오랜 시간 동안 기다렸으면 되는 것 아닙니까? 방주 문이 닫히고 나서도 7일을 기다리시는 건 무슨 이유입니까? 왜 이 7일을 두셔서 저희를 혼란스럽게 하십니까?"

노아는 마음속에 담아 두었던 것들을 쏟아 냈습니다. 하지만 노아의 격앙된 마음과는 정반대로 따뜻한 음성이 들려왔습니다.

"너의 마음은 온통 비에 가 있구나."

"당연하지 않습니까. 여태까지 홍수를 대비해 방주를 만든 시간이 얼마인데요. 그 시간 동안 속으로 참아야 했던 것은 또 얼마입니까."

잠시 침묵이 흘렀습니다.

노아는 순간 뜨끔했습니다. 자신이 너무 솔직했나 싶었지만, 무엇보다 자신의 마음속에 그런 감정들이 숨어 있었다는 것에 더 놀랐습니다. 하지만 이미 쏟은 마음은 주워 담을 수가 없었습니다.

"그렇지. 네가 지난 시간 얼마나 많은 일을 겪었는지 잘 안다. 알고말고. 하지만 노아, 나의 관심은 아직도 저 사람들에게 있단다. 홍수가 아니다. 난 여전히 저 사람들을 기다리고 있다. 내 마음에 있는 건 홍수보다 저 사람들이란 말이다. 아직도……"

그 순간, 노아는 아무 말도 할 수가 없었습니다. 마음속에서 찢어질 듯한 큰 북소리가 들리는 것 같았습니다.

그동안 방주를 짓느라, 또 홍수에 집중하느라 놓쳤던 마음. 자신이 지긋지긋하다고 여기던 사람들을 끝까지 기다리시는 하나님의 간절함.

그렇습니다. 7일은 완전한 기다림의 시간이었습니다. 인류를 향한 하나님과 노아의 마지막 기다림, 노아를 노아답게 만드실 하나님의 기다림, 새로운 역사를 열게 될 노아의 기다림.

그 7일은 하나님과 노아에게 있어 완전한 기다림의 시간이었습니다.

scene 12

노아는 가족들을 모두 불러 모았습니다.

"오늘은 우리가 방주 안에 들어온 지 엿새째 되는 날이다."

모두들 마음이 불에 덴 듯 확 달아올랐습니다. 암묵적인 금기를 깬 것에 대한 놀라움과 당혹감이 순식간에 퍼졌습니다. 그 누구도 입을 열지 못했습니다.

"모두들 마음이 어떠할지는 잘 알고 있다."

노아가 어렵게 말을 꺼내자 야벳이 물었습니다.

"아버지는 어쩌실 작정이세요?"

원망과 간절함이 가득한 목소리였습니다.

59

"내가 내린 결론은……."

모두 침을 꼴깍 삼키며 노아를 뚫어져라 쳐다보았습니다.

"지금 이 순간부터 우리 모두 여기서 죽어야 한다."

"네? 뭐라고요?"

"당신, 제정신이에요?"

세 아들과 며느리들, 그리고 아내는 눈을 동그랗게 뜨고 노아를 쳐다보았습니다. 사실 뾰족한 수가 없다는 것을 잘 알고 있었지만, 대놓고 죽어야 한다는 노아의 말은 모두에게 충격이었습니다.

"우리 모두 이 안에서 제물이 되어야 한다. 우리 자신이 죽지 않으면 안 된다. 두려움과 의심을 죽이지 않으면 안 된다는 뜻이다. 지금의 이 시간은 나, 우리를 위한 시간이다. 하나님께서 우리를 위해 남겨 두신 시간이야."

"잘 이해가 되지 않습니다. 왜 굳이 7일이라는 시간을 두신 거지요?"

"방주 문이 닫히기까지 하나님은 인류를 향해 시간을 열어 두셨다. 정말 오래 기다리셨지. 그러나 방주가 닫힌 후에도 그분은 마지막까지 그들을 향한 희망의 끈을 놓지 못하

셨다. 더 중요한 건, 그분은 방주 밖의 사람들만 기다리는
게 아니라는 사실이야. 하나님은 우리 역시 기다리신다. 그
분의 새로운 역사를 만들어 가기에 합당하도록 우리를 다루
시는 것이다."

가족들은 모두 이해가 안 간다는 듯 고개를 갸우뚱거렸습
니다.

"우리는 순종해서 여기까지 온 건데, 또 우리의 무엇을 다
루신다는 거죠?"

셈이 잔뜩 긴장한 표정으로 노아에게 물었습니다.

"안다. 하지만 그것만으로 부족해. 먼저 그분이 어떻게 해 주셔야 마땅하다든가 하는 판단과 주장을 이제 그만두어야 해. 응답하는 건 그분의 영역이다. 응답의 때도 그분 영역이 다. '내일도 비가 안 오면 어쩌지? 오늘 오후에는 내리려나?' 이렇게 카운트하는 것도 다 헛된 일일 뿐이다. 우리가 그분 영역에 손을 대는 순간, 두려움과 의심이 빠르게 전염된다 는 사실을 지난 6일 동안 뼈저리게 경험하지 않았니? 우리 가 두려움과 의심에 빠진 것은 그분 영역에 손을 댔기 때문 이다."

모두 수긍이 되는 말이었습니다. 모두들 실제로 하루가 갈 때마다 피가 마르는 느낌이었고, 그럴수록 불안함이 가 중되었다는 것을 부인할 수 없었습니다.

노아는 평안한 얼굴로 가족들을 위로했습니다.

"나는 여기까지 오면서 다른 것과 절대 타협하지 않았다 고 자부했단다. 그러나 지난 6일 동안 비를 기다리면서 나 는 내 실체와 맞부딪혀야만 했어. 솔직하게 고백하건대, 내 마음속 깊은 곳에는 내가 말씀에 순종해서 내 의지를 드려 방주를 완성했다는 만족함이 있었다. 내 '의'가 있었던 거야. 그런데 지난 6일 동안 깨달은 것은 내가 순종으로 방주를 지었다 해도 그분이 비를 내리지 않으면 아무 소용이 없다는 거였어. 그동안 내 순종이 그분의 주권보다 더 우위에 있었음을 깨달은 거지. 순종은 순종으로 끝나야 한다."

가족들은 아무 말도 하지 못했습니다. 자신들의 조급함과 불안함 그리고 타협하고 싶었던 마음, 불평의 원인이 정확하게 보였기 때문입니다. 가족들 얼굴에 비로소 평안이 깃들었습니다.

노아는 유일하게 창이 있는 곳으로 가서 하늘을 보며 앉았습니다. 그때 노아의 아내가 다가와 손을 잡았습니다. 노아도 따뜻한 미소로 화답했습니다.

"고마워요, 여보. 이제는 불안하지 않아요."

"다행이오."

"그동안 저는 잘못된 공식 때문에 스스로 함정에 빠졌던 것 같아요. 하나님 음성을 들었고 믿었고 순종했으니 결과는 이러이러해야 한다는 공식을 만들었던 거지요. 그러다 보니 하나님까지 공식에 대입해 버렸어요. 그러니 그분 마

음이 보일 리가 없었던 게 당연해요."

"나도 마찬가지였소. 이 바보 같은 사람들을 끝까지 기다리시는 그분의 처절하면서도 안타까운 마음을 놓치고 있었소."

"그리고 우리도 기다리셨죠."

"나는 내가 정녕 하나님 말씀대로 새로운 인류 역사의 조상이 될 만한 사람인지 의심스럽소. 그 어마어마한 하나님의 계획에 내가 왜 선택되었는지, 내가 선택될 만한 자격이 있는지 정말 모르겠소. 그냥 난 평범한 사람이라고 생각하는데……. 하지만 그분의 뜻이 그렇다면 어쩔 수 없지 않소. 방주 문이 닫히고 비가 내리지 않는 이 시간, 이 시간은 분명 나를 다루는 시간이라는 것을 어렴풋이 느끼오. 지난 6일 동안 내 모든 믿음을 저 끝에서부터 끌어올리시는 손길을 경험했다오. 6일이 내게는 마치 60년과 같았소. 이젠 다 됐겠지, 이만하면 된 거야, 그렇게 생각했던 지점에서도 하나님은 더 깊이 나를 끌고 내려가셨소. 내 모든 존재가 바닥을 보일 때까지. 그러면서 내가 느낀 게 뭔지 아시오? 난 아무것도 아니라는 거였소. 그분은 창조주이시고, 나는 피조물일뿐……. 난 모르겠소. 그냥 오늘이라는 하루에, 아니 오늘 하루 속에 함께하시는 하나님의 섭리에 나를 던지는 것 이외에는. 오늘과 똑같은 내일이 온다 해도 내가 할 수 있는 건 그것밖에 없구려."

아내는 노아를 따뜻하게 안아 주었습니다.

"비가 온다면 그건 그동안 그분이 참고 참았던 눈물일 거예요."

다음날, 드디어 빗방울이 떨어지기 시작했습니다.

마지막 7일이 없었다면 어땠을까요? 방주 문이 닫힌 뒤 그 7일이라는 시간이 왜 굳이 필요했을까요? 노아를 피 말리게 했던 시간, 벼랑 끝에 서게 했던 시간. 하나님은 노아의 삶에 특별히 '멈춤'의 시간을 두셨습니다.

그 시간은 노아를 향한 하나님의 마지막 손길이었습니다. 그 덕분에 그는 홍수가 그치고 방주에서 나오자마자 하나님께 제단을 쌓는 새로운 인류의 조상이 될 수 있었습니다.

새 인류의 조상이 하나님의 심판이 끝난 뒤 땅을 밟자마자 "휴~ 살았다"라고 말하거나 새로운 땅을 이리저리 살피러 다니거나 잘 자리, 먹을거리부터 찾으려 들었다면 어땠을까요?

방주를 짓는 일에 철저히 헌신했지만 그 마지막 하나님의 손길이 없었다면 노아의 마음속에는 자기의 의가 남아 있었을 것입니다. 또 인류를 향한 그분의 애절한 마음도 놓쳤겠지요.

하나님의 마지막 손길은 철저히 하나님의 주권을 인정하는 새 인류의 조상다운 모습으로 노아를 빚었습니다. '멈춤'의 시간, 그것은 그 누구도 예상하지 못한 하나님의 특별하고 독특한 손길이었습니다.

story 2

요셉

intro

여러분은 '형통'에 대해 어떤 생각을 갖고 있습니까?

일이 술술 잘 풀리는 것? 내가 뜻한 대로 되는 것?

'형통'의 사전적 의미는 '모든 일이 뜻과 같이 잘 되어 감'입니다. 형통이라는 말만 들어도 흥분되지 않나요? 인생이 사전의 의미처럼 형통하다면 정말 살 만하지 않겠습니까?

그래서 우리가 꿈꾸는 형통은 바라던 대학이나 회사에 들어가는 것, 꿈꾸던 자리에 이르는 것, 어려움 없이 순탄하게 사는 것, 아프지 않고 건강한 것, 내가 노력한 만큼 대가를 얻는 것(혹은 노력한 것보다 더 나은 대가를 얻는 것) 등일 때가 있습니다. 그러다 보니 그렇지 않은 일들이 우리 삶에 일어나면 뭔가 잘못된 것은 아닌지 의심하기도 하고, 무언가를 잘못해서 벌 받는 것은 아닌지 두려워하기도 합니다.

그러나 하나님 편에서 보는 '형통'의 개념은 우리가 생각하는 것과 다소 차이가 있는 것 같습니다. 성경에 보면 하나님의 형통에 대해 가장 잘 설명해 주는 이상적인 모델이 있지요.

자, 이제 형통한 자의 대표적인 인물을 만나 볼까요?

scene 1

역시 그는 용모도 매우 아름답습니다. 게다가 일처리 능력까지 탁월하군요. 이른바 '엄친아'의 지존입니다. 그러다 보니 곁에 있는 사람들이 모두 그를 좋아합니다. 인기까지 많으니 게임 오버입니다.

어? 그런데 뭔가 이상합니다. 고생 모르고 자랐을 법한 곱상한 외모와 고상한 태도와는 어울리지 않는 곳에 그가 있군요.

감옥입니다. 게다가 더 나쁜 소식은 그가 죄수인 데다가 노예라는 사실입니다. 그것도 이집트에서 중한 죄를 지은 사람들만 가둔다는 정치범 수용소에 갇혀 있습니다. 도대체 노예가 왜 그런 곳에 갇혔을까요? 사람들은 다만 그가 여기

71

오기까지 사연이 많았을 것이라고 짐작할 따름입니다.

특이하게도, 그 노예 청년은 감옥의 행정적인 일을 도맡아 하고 있습니다. 이 노예 청년의 영민함과 성실한 태도가 그곳 사람들의 신뢰를 받기에 충분했던 모양입니다.

그런데 웬일인지 오늘 그가 매우 안절부절못합니다. 마치 누군가를 기다리는 것 같기도 하고 무슨 소식을 기다리는 것 같기도 합니다. 문 쪽에서 무슨 소리가 난다 싶으면 매의 눈이 되어 쳐다보는 걸 보니 말입니다.

"이봐, 무슨 일 있나? 오늘은 평소답지 않군그래."

옆에 있던 사람이 걱정되었는지 그에게 넌지시 묻습니다. 그도 그럴 것이 이 청년은 평소 흐트러짐이 없었기 때문입니다. 모든 일을 침착하고 지혜롭게 처리해서 믿음직스러웠던 청년의 오늘 모습은 모두에게 낯설기만 합니다. 그가 이토록 초조해하는 건 처음입니다.

사람들의 걱정스런 한마디에 정신이 들었는지 청년은 자리에 앉습니다. 얼굴에는 예의 친절한 미소가 있지만 그 미소 뒤에는 역시 다른 날과는 다른 초조함이 곁들여 있습니다.

"놔두게. 궁궐로부터 소식을 기다리나 본데."

그곳에서 가장 나이가 많고 오랜 시간을 감옥에서 보낸 한 노인이 입을 열었습니다.

"궁이요? 궁에서 죄수에게 무슨 연락을 한단 말입니까? 그것도 정치범도 아니고 노예에 불과한 사람한테."

사람들은 말도 안 된다는 듯이 비웃었지만 노인은 아랑곳하지 않고 측은한 눈빛으로 청년을 바라보았습니다.

"요셉, 너무 많이 기다리진 말게나. 그러다 병이라도 날까 걱정되네."

요셉, 그렇습니다. 형들이 이집트에 노예로 팔아먹어 총리 집에서 일하다가, 보디발의 아내가 꾸민 중상모략으로 누명을 쓰고 감옥에 갇힌 그 요셉입니다. 억울하기로 치면 둘째 가라면 서러운 요셉. 기가 막히기로 순위를 매기더라도 절대 상위권을 놓치지 않을 사람이지요.

형들이 자신을 이집트의 상인들에게 팔아 버릴 때의 충격. 그 충격이 가시기도 전에 낯선 이집트 경호 대장 보디발의 집에서 노예로 생활할 때 찾아온 혼란스러움. 겨우 마음을 추스를 만할 때 자신에게 추파를 던진 주인의 아내를 거

절했다는 이유로 누명을 썼을 때의 당혹감.

그 모든 시간을 견뎌 온 요셉입니다. 하지만 그 어느 때보다 지금 이 순간이 요셉에게는 가장 호된 시간입니다.

scene 2

모든 상황을 받아들이고 순응하며 살던 요셉. 그의 삶에 돌하나가 던져져서 이처럼 큰 파장을 일으킨 건 불과 얼마 전이었습니다.

　바로 왕을 곁에서 섬겼던 두 시종장이 감옥에 들어온다는 소식에 감옥 안이 떠들썩했습니다. 그곳이야 정치범들을 수용하는 곳이라 별별 사람들이 다 있지만 왕을 죽이려 했다는 혐의를 받은 이들이라 이목이 집중되었습니다.

　드디어 두 시종장이 감옥에 도착했습니다. 감옥에 온 사람들이 대부분 그렇듯이 그들 또한 억울한 표정이 역력했습니다. 그들은 왕에게 올리는 술과 빵을 책임졌던 사람들이었습니다. 왕의 신임을 절대적으로 받는 대단한 세력가들이었지요. 그러나 그만큼 위험한 자리였습니다. 왕의 암살이

나 모반의 누명을 쓰기에 딱 좋은 일이기 때문입니다.

그런데 정말, 어느 날 왕을 독살하려는 시도가 있었습니다. 신변에 위협을 느낀 왕은 일단 그들을 의심했습니다. 그들이 왕을 죽이려 한다는 제보를 받았던 것이지요. 진상 조사가 필요했지만, 일단 혐의를 받는 사람에게 왕의 식탁을 맡길 수는 없기에 감옥으로 보낸 것이었습니다. 사건의 전모가 드러나기 전까지는 옥살이를 할 수밖에 없는 상황에 놓인 듯했습니다. 요셉은 그들 처지에 깊이 공감했습니다.

"진범이 누구인지는 모르지만, 저들이 누명을 쓴 것이라면 정말 억울하겠어요."

그들에 관한 이야기를 듣던 요셉이 자신도 모르게 '억울함'에 대해 말을 꺼냈습니다.

"이 정도에서 끝나면 억울할 것도 없지. 만약 진범이 밝혀지지 않으면 저렇게 평생 감옥에서 살거나 더 운이 안 좋으면 누명 쓴 채로 죽을 수도 있다네."

간수의 말에 요셉은 몸을 부르르 떨었습니다. 두 사람 중 진범이 있을 수도 있고, 어쩌면 두 사람 모두 진범일지도 모르지만, 반대로 억울한 상황일 수도 있겠다고 생각했습니다. 요셉은 그 누구보다 억울한 심정에 대해 잘 알았기에 더욱 마음이 쓰였습니다. 그래서 두 사람이 감옥에 있는 동안에는 불편함이 없도록 모셔야겠다고 생각했습니다. 마침 간수도 요셉에게 그들의 시중을 부탁했습니다.

그날 이후 요셉은 그들을 물심양면으로 도왔습니다. 위낙 성품이 다정하고 단정한지라 두 사람도 요셉에게 호감을 느꼈습니다. 그래서 요셉이 자신들의 방을 찾을 때마다 이야기를 많이 들려주었습니다.

특히 궁 생활을 이야기할 때 요셉은 환희에 찬 얼굴로 경청했습니다. 그러면 그들은 더 신이 나서 이야기했습니다. 이집트의 정치와 경제에 대해서도 말해 주었습니다. 그때도 요셉은 눈을 반짝이며 들었습니다. 또 종교 이야기를 할 때는 할아버지 이삭과 아버지 야곱으로부터 수없이 들었던 하나님을 다시 한 번 마음속에 품기도 했습니다.

경청의 대가였던 요셉은 금세 그들의 마음을 사로잡았고, 어느새 그들은 요셉과 마주앉아 신세타령을 하는 데까지 나아갔습니다.

"정말 나한테 이런 일이 생기리라고는 생각도 못했어. 난 여태까지 왕에게 충성을 다했고, 단 한 번도 왕에 대해 불경스러운 마음을 품은 적이 없네."

"궁에서는 왜 이리 아무 기별도 없는 거지? 이러다 갑자기 목을 베겠다며 들이닥치는 건 아닌지 겁나는군."

"어디 호소라도 할 수 있으면 좋으련만. 왜 우리의 말은 아무도 들으려 하지 않는 거지?"

두 사람은 보이지 않는 손에 마치 목을 졸리는 것 같은 두려움 속에서 억울함을 토로했습니다.

요셉은 그들의 말을 마음으로 들었습니다. 외롭고 억울했던 지난 삶이 있었기 때문입니다. 요셉이 노예 상인에게 팔릴 때 아무도 그의 이야기를 들어주려 하지 않았습니다. 형들마저 요셉의 부르짖음을 외면했지요. 보디발에게 충성을 다하고 신의를 지켰지만 그의 결백을 믿어 주는 사람이 없었습니다. 감옥에 갇혀서도, 죄가 중하여 곧 사형당할 거라는 엄포에 두려움이 몰려올 때도 곁에는 아무도 없었습니다. 자신의 억울함을 하소연할 곳이 한군데도 없었습니다.

그래서 요셉은 진심으로 그들 마음을 이해했습니다. 요셉이 깊이 공감하자 그들은 요셉을 신뢰하게 되었습니다. 더

구나 요셉은 일 처리도 탁월해서 두 번 말하게 하는 법이 없었습니다. 요셉의 섬김은 그 어떤 노예보다 기품 있으면서도 따뜻해서 그들 마음을 어루만져 주기에 충분했습니다.

그렇게 얼마나 지났을까요?

어느 날 아침, 두 사람의 안색이 좋지 않았습니다. 사람들은 알아채지 못하고 무심히 지나쳤지만 요셉은 조용히 그들에게 다가갔습니다.

"간밤에 무슨 일이 있으셨습니까? 혹은 잠자리가 불편하셨는지요?"

그들은 고개를 저을 뿐 아무 대답도 하지 않았습니다.

"제가 해결해 드릴 수는 없겠지만, 들어 드릴 수는 있으니 필요하실 때 부르십시오."

그러면서 물러가려는데 술 맡은 시종장이 요셉을 불러 세웠습니다.

"실은 우리가 어제 범상치 않은 꿈을 꾸었는데 해몽해 줄 사람이 없어서 그러네. 이 감옥 안에서 해몽할 자를 찾아 주겠나?"

요셉의 귀가 쫑긋거렸습니다. 꿈이라면 요셉도 일가견이

있기 때문이었습니다.

"저에게 말씀해 주시겠습니까? 해몽은 하나님께서 하시는 것입니다."

요셉의 말이 끝나자 술 맡은 시종장이 먼저 어제 꾼 꿈에 대해 이야기하기 시작했습니다.

"포도나무를 보았다네. 그 나무에는 가지가 셋 있는데 거기에서 싹이 나더니 곧 꽃이 피고 포도송이가 익었네. 왕의 잔이 나의 손에 들려 있기에 내가 포도를 따다가 왕의 잔에 그 즙을 짜서 그 잔을 왕의 손에 올렸지."

이야기를 다 듣고 조금 생각하는 듯하더니 이내 요셉은 해몽을 했습니다.

"가지 셋은 사흘을 말합니다. 사흘 뒤에 왕께서 시종장을 불러내서 복직시켜 주실 것입니다."

바로 이어 요셉은 뜻밖에 간곡하게 부탁을 했습니다.

"시종장께서 잘되시는 날에 나를 기억해 주십시오. 왕에게 나의 사정을 말씀드려서 이 감옥에서 나도 풀려나게 해 주십시오. 저는 이스라엘 사람으로 강제로 이집트까지 끌려왔습니다. 그리고 이집트에서도 이런 감옥에 들어올 만한

82

일은 하지 않았습니다."

요셉의 눈에 절박함이 가득했습니다. 여태까지 한 번도 볼 수 없었던 눈빛이었습니다. 옆에서 요셉이 하는 말을 듣고 있던 빵 맡은 시종장은 요셉의 해몽이 마음에 들었습니다. 그래서 자신의 꿈에 대해서도 이야기했습니다. 술 맡은 시종장의 꿈과 비슷한 듯하지만 조금 달랐습니다.

"나는 빵이 담긴 바구니 세 개를 머리에 이고 있었네. 제일 위에 있는 바구니에는 왕에게 드릴 온갖 구운 빵이 있었는데 새들이 내가 이고 있는 바구니 안에서 그것들을 먹었다네."

이야기를 다 듣고 난 뒤 요셉은 한참 동안 가만히 있었습니다. 두 사람은 혹시나 싶은 마음으로 요셉을 뚫어져라 쳐다보았습니다. 목구멍으로 침 넘어가는 소리가 들렸습니다.

요셉은 무언가 갈등하는 듯한 표정이었습니다. 말을 해야 할지 말아야 할지 망설이는 눈치였습니다. 그러자 몸이 달은 빵 맡은 시종장이 재촉했습니다. 요셉은 어쩔 수 없이 입을 열었습니다.

"제 말을 잘 들으십시오. 해몽은 이러합니다. 바구니 셋은 사흘을 말합니다. 앞으로 사흘이 되면 바로께서 시종장을 불러내서 목을 베고 나무에 매다실 터인데 새들이 시종장의 주검을 쪼아 먹을 것입니다."

순간 정적이 흘렀습니다. 빵 맡은 시종장은 "무슨 해몽이 그런가? 엉터리로군. 어서 나가 보게" 하며 요셉을 떠밀었습니다. 그의 얼굴에 두려움이 가득했습니다.

그날 이후, 요셉의 마음은 요동치기 시작했습니다. 드디어 자신이 누명을 벗을 날이 다가왔다고 느꼈기 때문입니다. 그들에게서 꿈에 대한 이야기를 듣는 순간, 요셉은 영안이 열린 듯이 그 꿈이 해석되어 그림처럼 선명하게 그려졌습니다. 하나님으로부터 온 것임이 틀림없었습니다.

'이제야 때가 되었다. 하나님께서 드디어 나를 풀어 주시려나 보다. 드디어 고향으로 돌아갈 수 있게 되었어.'

요셉의 가슴이 들떠 있을 때, 정말 궁에서 사람들이 나왔습니다. 그러더니 진짜 해몽한 대로 이루어졌습니다. 술 맡은 시종장은 누명을 벗고 환궁하고, 빵 맡은 시종장은 처형을 당했습니다. 술 맡은 시종장이 감옥을 떠나면서 요셉을 찾아와 인사를 했습니다.

"자네 해몽이 딱 맞았네. 정말 현명한 젊은이로군. 내 잊지 않겠네."

그 순간, 요셉의 마음은 두방망이질치기 시작했습니다. 그를 배웅하는데 가슴이 터질 것만 같았습니다. 이제 다 온 것입니다. 하나님의 신원의 날에 이른 것입니다. 요셉의 마음은 이미 고향 땅으로 달려가고 있었습니다.

scene 3

"요셉, 꼭 정신이 다른 곳에 가 있는 사람 같군."

간수장의 말에 요셉은 퍼뜩 정신을 차렸습니다.

술 맡은 시종장이 궁으로 들어간 지 일주일이 지났습니다. 그 일주일이라는 시간이 요셉에게는 고문과도 같았습니다.

말이 안 된다는 것을 알면서도 술 맡은 시종장이 입궁한 바로 그날부터 요셉은 궁에서 날아올 소식을 기다렸습니다. 그 시종장이 안정을 찾을 시간이 필요하다는 것을 머리로는 알고 있었지만 그의 마음은 자꾸 달려 나갔습니다.

'이건 분명 하나님이 주신 기회였어. 그러니 그냥 지나치시지 않을 거야. 초조해하지 말고 기다리자.'

그렇게 마음을 달래며 하루하루를 보냈습니다. 요셉의 마음은 타들어 가는 것 같았습니다. 전에 없이 우울하고 축 처진 요셉의 모습에 모두를 놀랐지만 정작 요셉은 다른 사람의 그런 시선까지 신경 쓸 여력이 없었습니다.

늦은 밤, 요셉은 홀로 창밖에 비친 별을 보며 쓰라린 마음을 달랬습니다.

"아예 이런 일이 일어나지 않았더라면 더 좋았을 뻔했습니다. 다 잡은 고기를 놓친 허탈감이 듭니다. 하나님이 시작하신 일이라고 생각했는데 그게 아닌가요? 이 기다림의 시간이 저에게는 너무 고통스럽습니다. 아예 기대조차 하지 않고 있던 때가 더 나았던 것 같습니다."

요셉은 지난날들이 떠올라 울컥하고 눈물이 났습니다. 어쩌다 자신이 여기까지 왔는지 정말 이해할 수 없고, 모든 것이 원망스러웠습니다.

채색옷을 입고 아버지 무릎에서 어리광을 부리던 어린 시절이 생각났습니다. 아버지와 어머니의 사랑을 넘치도록 받으며 부족함 없이 지내던 때가 사무치도록 그리웠습니다. 그때만 해도 자신이 세상의 중심 같았지요. 어려움이라고는

전혀 모르고 살았으니 자신에게 이런 일이 닥치리라고 상상
조차 해 본 적이 없었습니다.

'왜 형들은 나를 죽이려 했을까?'

'내가 그토록 밉상이었나?'

'난 아버지가 시키는 대로 했을 뿐인데.'

그동안 다 털어 버렸다고 생각했는데, 갑자기 판도라의
상자가 열린 것처럼 온갖 원망과 상처가 주체할 수 없을 정
도로 쏟아져 나왔습니다.

'나는 억울하다, 억울하다. 나는 정말 이렇게 살아야 할 정
도로 잘못한 것이 없다.'

요셉의 눈에서 뜨거운 눈물이 흘렀습니다.

쓴 마음. 아직 요셉의 마음에는 쓴 마음이 남아 있었습니
다. 요셉은 고통 속에서 부르짖었지만, 하나님은 여전히 아
무 말씀도 하시지 않았습니다.

scene 4

술 맡은 시종장이 궁에 들어간 지 한 달이 지났습니다. 이쯤
되자 요셉도 지쳐서 어느 정도 기대를 접었습니다. 그렇게

마음에 평온을 다시 찾을 때쯤, 궁에서 사람이 나왔습니다. 순간 요셉의 마음은 '쿵' 하고 내려앉았습니다.

'이럴 줄 알았더라면 괜한 원망 따위는 하지 말걸. 내가 공연히 안달 나서 어리석은 사람처럼 행동했어.'

지난 한 달 동안 자신의 마음이 얼마나 생지옥이었는지, 얼마나 변덕스러웠는지, 한순간에 확연히 느껴졌습니다. 그 감정에 빠졌을 때는 보이지 않던 마음이 객관화되니 얼굴이 붉어질 만큼 부끄러웠습니다.

요셉은 궁에서 나온 대신을 접대하고 그가 간수장과 이야기를 나누는 동안 초조하게 기다렸습니다. 마음이 복잡하고 심장이 두근거렸습니다. 이번에는 진짜여야 할 텐데, 하는 마음에 더욱 초조했습니다.

얼마 뒤, 대신은 간수장과 이야기를 마치고 나왔습니다. 그가 요셉에게 다가오는 동안 요셉은 숨이 멎는 것처럼 긴장되었습니다.

그런데, 이게 웬일입니까. 대신은 요셉을 지나쳐 그냥 문쪽으로 향했습니다. 요셉은 순간, 이성이 마비되어 그의 앞쪽으로 달려가 엎드렸습니다. 대신은 요셉의 돌발 행동에 깜짝 놀라 뒤로 물러서며 불쾌해했고, 간수장도 뜻하지 않은 상황에 요셉을 저지했습니다.

"저는 요셉이라고 합니다. 얼마 전 술 맡은 시종장님의 꿈을 해몽해 드린 적이 있습니다. 그 해몽이 들어맞아 그분께서 환궁할 때 저의 억울함을 왕께 말씀드려 주신다고 약속하셨습니다. 혹시 그분께 다시 한 번 청을 넣어 주실 수 있는지요?"

요셉은 생사를 걸고, 마지막이라는 절박함으로 간절히 청했습니다. 그러나 돌아온 반응은 차갑고 날카로웠습니다.

"무엄하기 짝이 없는 죄수로군. 너의 신분을 망각한 모양이로구나. 감히 노예 주제에 그런 말을 하다니. 꿈 하나 해몽한 것을 대단한 일로 착각하는구나. 꿈을 해몽하고 예언하는 박수들이 이집트에 얼마나 많은지 모르는 거냐? 너 따위가 해몽한 꿈을 그분이 기억이나 할 것 같으냐? 참으로 오만방자하구나. 꿈 해몽이 뭐 그리 대단한 일이라고! 주제 파악도 못하는 한심한 놈일세. 감옥에서 평생 썩어야 정신을 차리겠구나."

말을 마친 대신은 바람처럼 사라졌습니다. 요셉은 한동안 그 자리에서 일어나지 못했습니다. 그의 말이 아파서이기도 했지만, 또 다시 찾아온 절망 때문이기도 했지만, 왠지 스스로 창피했기 때문입니다.

대신을 배웅하고 돌아온 간수장이 요셉을 일으켜 세웠습니다. 오랫동안 요셉을 곁에서 지켜본 간수장은 요셉의 됨됨이를 알았기에 측은한 마음이 들었습니다. 가만히 요셉의 등을 두드려 주자, 요셉이 땅에 엎드린 채로 흐느꼈습니다.

절망과 모멸감.

요셉은 더 이상 아무것도 기대할 수 없는 벼랑 끝에서 떨어진 것 같았습니다. 그동안 벼랑 끝과 같은 상황에서도 잘 버텨 왔는데 이젠 정말 떨어져 버린 것입니다.

그날 밤, 요셉은 식사도 거르고 정신 나간 사람처럼 넋을 놓고 앉아 있었습니다. 간수 중 한 명이 걱정되었는지 요셉을 찾아와 곁에 앉았습니다.

"실망이 무척 컸나 보군."

"……."

"이집트는 모든 게 변화무쌍하다네. 게다가 화려하고 웅장하지. 그만큼 빠르게 변하기도 하고. 그 중심이 바로 이집트의 궁이라네. 거기는 이곳과는 완전히 다르지. 자넨 상상 조차 하지 못할 거야."

"그런 곳에 가서 저 같은 사람을 기억할 리가 없다는 말 씀이시죠?"

"아니, 기억할 틈이 없다는 말이 맞을 거야."

"아까 그분의 말이 맞습니다. 제가 꿈 하나 해몽한 것을 가지고 너무 크게 기대한 것이 잘못입니다. 이집트에는 그 런 사람들이 넘쳐나는데 말입니다."

"그 사람은 잊어버렸을지 모르지만 자네의 하나님은 기억 하실 걸세. 그러니 너무 실망하지 말게나. 소망이 있다면 언 젠간 이루어지지 않겠나?"

간수는 요셉의 어깨를 두드려 주고는 자리를 떠났습니다. 하지만 요셉은 미동도 할 수 없었습니다. 간수의 마지막 말, 그 말은 요셉의 마음을 아프게 찔렀습니다.

'하나님, 하나님은 기억하실 거라는 말이 저에게는 어떤 말보다 아픕니다. 하나님께서 기억하시면 어떻게 되는 거지 요? 전 하나님께 대단한 것을 바란 것이 아닙니다. 그저 저 의 누명을 벗고 집으로 돌아가는 것뿐입니다. 고향으로 돌아가는 것, 제가 원하는 건 그것뿐인데 왜 그게 이렇게 어렵습니까? 누군가는 왕을 모살하려 한다는 모함을 받았으나 복직되고, 누군가는 살해 혐의를 받았다가 풀려났습니다. 때로는 진범인 것 같은 사람들도 자유의 몸이 되어 이 감옥을 나갔습니다. 저보다 훨씬 더 심한 죄를 지은 사람도, 저보다 더 갇혀 있을 것 같았던 사람들도 이곳을 나갔습니다. 혹은 누명을 쓰고 죽기도 하고, 죗값을 치르기도 합니다. 그런데 저는 무엇입니까? 아무도 저를 변호해 주는 사람이 없습니다. 아무리 성실히 살아도 나를 도와주는 사람이 없습니다. 저는 그들이 떠나는 것을 지켜봐야만 합니다. 저는 죽지도 못합니다. 부모님을 만나 뵐 그날을 생각하면 스스로 목숨을 끊을 수도 없습니다. 그렇다고 이곳 사람들이 사형을 선고하는 것도 아닙니다. 평생 여기서 이렇게 지내다 늙어 죽을지도 모릅니다. 다른 사람들에게는 무언가 변화가 생기는데 저는 늘 그대로입니다. 언제 끝날지 알 수 없는 이 감옥 생활은 소망을 품기에는 너무 차갑고 무겁습니다. 이런 상황에서, 하나님께서 아신다고요? 하나님이 기억하신다는 것이 제게 아무런 위로가 되지 못합니다. 저에게 필요한

것은 눈에 보이는 응답입니다.'

엎드려 기도하는데 요셉의 마음 저 끝에서 불덩이 같은 것이 올라오는 것이 느껴졌습니다. 하지만 그것을 뱉을 수도, 삼킬 수도 없었습니다. 체한 것처럼 가슴에 걸린 그 불덩이는 요셉이 아무리 가슴을 힘껏 쳐도 움직일 줄 몰랐습니다.

그렇게 얼마나 웅크리고 있었을까요. 저 멀리서 동이 트기 시작했습니다.

길고 길었던 그날 밤이 지나고 요셉은 다시 제자리로 돌아 scene 5 왔습니다. 그리고 1년이 지났습니다. 이제 요셉은 기대를 버렸습니다. 그리고 하나님을 향해 가졌던 의문도 내려놓았습니다. 아무리 몸부림쳐도 안 되는 것을, 아무리 간절히 부르짖어도 안 되는 것을 붙잡아 봤자 마음만 상할 뿐이라고 판단한 것입니다.

다시 냉정을 되찾았지만 그렇다고 해서 모든 것이 다 소화된 것은 아니었습니다. 뱉지 못하고 삼키지도 못한 것이 아직도 마음속에 남아 있었지만 그냥 묻어 두었습니다. 사람들이 보기에 요셉은 그런대로 잘 지내는 것처럼 보였습니다. 늘 그랬듯이 성실하고 반듯했으니까요.

어느 날, 감옥에 한 죄수가 들어왔습니다. 자신의 형을 모함해 죽인 사람이었습니다. 그의 눈빛에는 고통과 분노가 함께 어우러져 묘한 분위기를 담고 있었습니다. 그 눈빛이 잊히지 않아 요셉은 그를 주목했습니다.

간수장에게 들은 그의 사연은 이러했습니다. 그는 왕의 사랑과 신뢰를 한 몸에 받던 형을 시기했습니다. 자신도 형처럼 인정받고 싶다는 강한 욕망에 이끌려 물불 가리지 않고 노력했습니다. 그리고 드디어 두각을 나타내며 왕의 관심을 받기 시작했습니다. 그렇게 세상에 자신의 존재감을 알리며 성공의 문턱에 들어선 순간, 생각지도 못한 일이 벌어졌습니다. 형이 살해당한 것입니다. 평소 형을 많이 질투했던 그가 살해범으로 몰렸습니다. 간수들 말로는 형의 정적들이 음모를 꾸민 것 같다고 했습니다. 그의 형이 워낙 왕의 총애를 받다 보니 정적들이 많았다며, 그들이 형을 축출하기 위해 동생을 이용한 끔찍한 시나리오를 짰을 거라고 했습니다.

　억울함 때문인지, 비통함 때문인지 알 수 없지만 아무튼
그는 감옥에 들어온 뒤로 한 마디도 하지 않았습니다. 음식
도 입에 대지 않았습니다.

　요셉은 끼니때마다 직접 음식을 들고 그의 방을 찾아갔
습니다. 늘 밝게 인사하는 것을 잊지 않았고, 괜한 말이라도
꼭 한 마디 건넸습니다. 독방에 갇힌 그가 답답하고 외로울

것 같았기 때문입니다. 그러나 그는 아무런 대꾸도 하지 않았습니다.

그렇게 얼마나 지났을까요. 어느 날 요셉이 그의 감방을 찾았을 때 그는 작은 창문을 향해 서 있었습니다. 그 모습이 너무 쓸쓸해 보여 조용히 나오려는데, 그의 눈에서 뚝, 눈물이 떨어지는 것이 보였습니다. 그 눈물 한 방울이 얼마나 많은 말을 하는지 요셉은 그곳에서 발걸음을 뗄 수가 없었습니다. 요셉은 자신도 모르게 꼼짝 않고 가만히 남자를 바라보고 서 있었습니다.

한참이 지난 뒤, 그는 혼잣말을 하듯 작은 목소리로 말했습니다.

"자네 눈에는 내가 어떻게 보이는가?"

차분하고 낮은 목소리였습니다.

갑작스럽게 생각지도 못한 질문을 받자 요셉은 마땅한 말을 찾지 못했습니다.

"괜찮네. 솔직하게 이야기해 보게."

요셉은 마음을 가라앉히고 그 사람의 마음을 읽으려 노력했습니다.

"솔직히 말씀드리면, 이 세상 분이 아니신 것 같습니다."

요셉의 말이 끝나자마자 그가 요셉을 쳐다보았습니다.

"살아 있으나 죽은 사람 같다는 말이로군."

그러면서 그는 크게 웃었습니다.

"자네는 죄수들을 많이 봐서 그런가 통찰력이 있군그래."

요셉은 그저 가만히 있었습니다.

"맞네. 내 육신은 이 땅을 딛고 서 있지만 내 마음은 여기 있을 수가 없군."

"제가 뭐 도울 일이 있으면 말씀하십시오."

"하하하하. 내가 여기서 필요한 게 뭐가 있겠나. 말 상대가 되어 줘서 고맙네."

요셉은 그렇게 그와 첫 대면을 했습니다.

scene 6

요셉이 행정 업무로 바쁜 어느 날이었습니다. 형을 죽인 혐의로 갇힌 그 사람에게 사형 선고가 내려졌습니다. 요셉은 그 전문을 읽는 순간, '쿵' 하고 마음이 떨어졌습니다. 무언가 중요한 것이 남아 있는데 그것이 곧 사라져 버릴 것 같은 느낌이 머리끝에서 발끝까지 전해졌습니다.

그날 밤, 요셉은 간수장의 허락을 받아 그의 방을 찾아갔습니다.

"제가 잠간 방해해도 괜찮겠습니까?"

그는 처음에는 흠칫 놀라더니 이내 요셉에게 들어오라고 손짓했습니다.

"이제 내일이면 이 이중생활도 끝나는군."

"한 가지 묻고 싶은 것이 있어서 찾아왔습니다."

그는 호기심 어린 눈빛으로 요셉을 쳐다보았습니다.

"당신은 형을 죽였습니까?"

그는 그 질문에 얼음이 되어 버렸습니다.

한참 동안 침묵하던 그는 "형을 죽였냐고?" 하며 자조적으로 웃었습니다.

"우리는 첫 단추부터 잘못 채웠다네. 어릴 때부터 형은 모든 면에 뛰어났지. 형은 늘 대단해 보였어. 모든 인정과 칭찬은 형의 몫이었다네. 난 어떻게든 형을 따라가려 애쓰며 평생을 보냈어. 내 안의 묘한 질투심이 형과 나 사이를 갈라놓았지. 우리는 서로 결코 만날 수 없는 평행선과 같았어.

난 형이 미웠네. 내 것을 다 빼앗아 간 것 같았거든. 하지만 많이 가진 사람 곁에는 그것을 빼앗으려는 사람들이 검은 구름처럼 들끓는다는 걸 그때는 몰랐지. 사람들은 잘난 사람이 있으면 어떻게든 그를 끌어내리기 위해 단결을 잘하지. 정말 무서울 정도야. 이런 무시무시한 일이 벌어지고 나서야 그런 공격 속에서 살았던 형이 얼마나 고단하고 힘들었을지 이해가 되더군. 이제는 편히 쉬고 있으면 좋겠어."

그 사람의 눈빛을 보니 그가 진범은 아닌 것 같았습니다. 그 역시 누명을 쓴 것이었지요. 하지만 어쩐지 그는 평안해 보였습니다.

"지금 같은 상황에서 어떻게 그렇게 차분하실 수 있는지 궁금합니다. 누명은 벗어야 하지 않습니까?"

"다 부질없는 짓이야. 똘똘 뭉쳐 달려드는데 당해 낼 재간이 있나. 게다가 나에겐 시간마저 부족해. 하지만 오히려 내 마음은 그 어느 때보다 가볍다네. 홀가분해졌다고 해야 하나. 형을 시기하고 미워하고 원망하며 살면서 한 번도 편한 적이 없었어. 형을 이해하고 나니 이제야 화해한 기분이 드는군. 형하고도 내 자신하고도 말일세."

그러면서 그는 한쪽 눈을 찡긋거리며 미소를 지었습니다. 그러다 갑자기 진지한 얼굴로 요셉에게 물었습니다.

"그런데 자네, 왜 나에게 그런 걸 물었나?"

요셉은 솔직히 자신의 과거를 털어놓았습니다. 형들의 미움을 사서 이집트에 노예로 팔려 온 지난 일들을 이야기했습니다.

"보디발의 집에서도 자네는 누명을 쓴 채 이곳으로 왔다고 들었네. 내가 볼 때 자네는 너무 잘났어. 누군들 자네에게 질투하지 않을 수 있겠나. 그게 이집트의 장군이나 피를 나눈 형제들이라도 말일세. 자네는 특별해. 그 특별함이 가다듬어지기 전에 불행한 일을 당하게 되었지만."

"다 제 잘못일까요? 저는 왜 형들이 저에게 그랬는지 잘 이해하지 못했습니다."

"내가 단언하건데, 그 형들도 지금 자네와 크게 다르지 않을 걸세. 자네는 이집트 감옥에 육신이 갇혀 있지만, 아마 자네 형들은 죄책감이라는 감옥에 갇혀 살고 있을 거야."

끝까지 경청하던 그는 따뜻한 눈으로 요셉을 바라보며 말했습니다.

"나의 형이 꼭 자네와 같은 마음이었겠군."

"저의 형님들은 당신과 같은 마음이었겠죠."

그들은 서로 마주보며 웃었습니다. 따뜻한 기운이 감옥 안을 가득 채웠습니다.

그는 그렇게 떠났지만 요셉에게 엄청난 것을 남겼습니다. 움켜쥐고 있던 것을 내려놓은 자의 당당함과 평안. 그리고 화해. 이집트의 감옥이 아니었다면 결코 얻지 못했을 것들 이지요.

너무나 원했지만 결코 손에 들어오지 않은 것. 지금 요셉에게 있어서 그것은 고향으로의 귀환이었습니다. 그렇다면 형들은 어땠을까요? 그들이 원하는 건 아버지의 사랑이었던 것입니다. 형들은 아버지에게 그토록 사랑받고 싶어 했지만 그 간절한 것을 요셉에게 전부 빼앗겼던 것입니다. 요셉이 당연한 대우를 받지 못하고 노예가 되었을 때 억울했던 것처럼 형들도 아버지의 사랑을 받지 못하니 억울하고 분했을 것입니다.

요셉은 누명을 벗으리라 기대했던 천금 같은 기회가 허무하게 지나가 버렸을 때 심정이 떠올랐습니다. 그렇게 바라는 아버지의 사랑을 독차지하는 동생 요셉이 형들 앞에서 천진난만하게 웃을 때, 형들 심정도 그와 같지 않았을까 하는 생각이 들었습니다. 이제야 요셉은 당시 형들이 느꼈을 심정을 조금 이해하고 알 것 같았습니다.

아!

요셉의 입에서 깊은 탄식이 흘러나왔습니다. 그리고 가슴에서 울음이 터져 나왔습니다.

'내가 형들의 억울함과 슬픔을 몰랐구나. 그냥 지나쳤구나. 여태까지 형들이 가해자라고 생각했는데 아니었어. 사실은 내가 먼저 가해자였던 거야.'

그 순간, 요셉 마음속에서 그동안 체한 듯 막혀 있던 뜨거운 무언가가 쏟아졌습니다. 그리고 그 자리에 꽃이 하나 피었습니다.

scene 7　감옥 안은 사람들의 술렁거림으로 분주했습니다. 새로 부임하는 간수장이 보통이 아니라는 소문을 듣고 모두들 긴장하는 눈치였습니다.

103

"아주 인색하고 고약한 사람이라는 소문을 들었어."

"한번 찍히면 평생 고생길이 훤하다고 하더군."

"정치적인 배경도 있어서 안하무인이래. 몸조심해야지."

간수장을 직접 만나기도 전인데, 사람들은 이미 그 사람을 오래 안 것처럼 이야기했습니다. 결론은 공연히 눈 밖에 나지 말고 숨죽이고 지내자는 것이었지요.

"요셉, 너도 흠 잡히지 않도록 미리미리 잘 준비해라."

그러나 요셉은 이상하게 마음이 편했습니다. 술 맡은 시종장이 자신을 잊은 것도 더 이상 요셉의 마음을 요동치게 하지 않았습니다. 억울함과 원망으로 잠겼던 마음의 빗장이 열린 까닭이었습니다. 요셉은 진정으로 평안한 마음으로 성실하게 일했습니다.

드디어 새로운 간수장이 왔습니다. 이전 간수장은 성품이 좋은 데다 요셉의 사정을 이미 알고 있었던지라 요셉에게 호의적이었습니다. 그런데 새 간수장은 인상부터 달랐습니다. 날카로운 눈매에 얇은 입술, 화살처럼 아래로 향한 콧날과 마른 체형은 한눈에도 그가 예민하다는 것을 말해 주었습니다. 요셉은 외모로 사람을 판단하지 않고, 여느 때와 똑같이 간수장과 인사를 나누었습니다.

"자네가 그 유명한 이스라엘의 노예군. 감히 이집트의 장군 부인을 건드리려 한 무모하고 겁 없는 죄수이기도 하지."

그의 말은 '난 이전 간수장과는 달라. 널 밟아 주겠어'라는 선전포고와도 같았습니다. 그 순간 요셉은 다시 감옥살이를 할지도 모르겠구나, 생각했습니다. 새 간수장이 왜 자신에게 적대적인지는 모르지만, 요셉을 탐탁지 않아 하는 것만은 분명했습니다. 그러니 요셉에게 감옥의 행정 일을 맡길 리는 없겠다 싶었습니다.

비록 감옥이긴 했지만, 요셉은 이전 간수장의 신임을 받아 모든 일을 하면서 보통 죄수들과는 다른 감옥 생활을 했습니다. 어찌 보면 특혜를 받았던 셈이지요. 그런데 이제 그 일상이 흔들릴 것 같았습니다.

'주님, 제 자리를 흔드시는 하나님의 손길이군요.'

요셉은 처음 감옥에 왔을 때처럼 이젠 꼼짝없이 옥살이를 하겠구나 하는 생각이 들자 왠지 모르게 흥분이 되었습니다.

'알게 모르게 제 안에 움트고 있던 특권 의식이 이제야 보입니다. 주님이 베풀어 주신 은혜인데 제가 잘해서 얻은 것인 양 당연하게 누렸습니다. 주님이 흔드시니 그 자리가 어디서부터 왔는지 똑바로 보입니다. 이제 그 자리에서 비켜서라 하시면 비켜서겠습니다. 저를 어디에 두실지 결정하는 것은 하나님의 몫입니다.'

사람들은 새로 온 간수장 행동에 왈가왈부했지만, 요셉은 오히려 마음이 편했습니다. 그리고 기대되었습니다.

예상했던 대로, 간수장은 요셉을 모든 행정 업무에서 손을 떼게 하고 다시 감옥 안으로 처넣었습니다. 이집트 사람을 뽑아 그 자리에 앉히고는 요셉을 조롱하듯 웃었습니다.

"네가 여태까지 일 좀 잘한다고 대접을 받은 모양인데 나한테는 어림도 없다. 감히 노예 주제에!"

간수장은 대놓고 요셉을 무시하고 함부로 대했지만, 요셉의 마음은 이상할 정도로 평안했습니다. 감옥에 다시 갇힌 요셉은 그곳에서도 다른 죄수들을 섬겼습니다. 함께 생활하는 죄수들은 모두 이집트의 고위층 인사였던 터라, 요셉은 그들에게서 흘러나오는 기품과 당당함을 몸소 경험했습니다. 그들이 들려주는 이집트 이야기는 어찌나 흥미진진한지, 늘 귀를 쫑긋 세우며 경청했습니다. 감옥에 있는 사람들은 모두 총명하고 예의 바른 요셉을 좋아하고 아꼈습니다. 물론 요셉도 마음으로 그들을 잘 섬겼습니다.

요셉이 감옥에 들어가서도 평안하게 지내는 것을 보자 간수장은 약이 올랐습니다. 풀이 죽거나 반항할 줄 알았는데, 다른 사람들과 더불어 즐겁게 생활하니 뭔가 수를 잘못 두었구나 싶었습니다.

게다가 요셉이 워낙 일을 깔끔하고 탁월하게 잘했던지라 요셉에 버금가는 사람을 구하기가 쉽지 않았습니다. 요셉이 하던 일을 세 명에게 나누어 주었는데도 툭하면 실수를 했습니다. 어떻게 이집트 군인들이 천한 이스라엘 노예보다 못할 수 있는지 간수장은 자존심이 상하고 화가 났습니다. 그럴수록 그는 요셉에게 괜한 화풀이를 했고, 요셉은 영문을 알 수 없는 핍박을 고스란히 당할 수밖에 없었습니다. 피할 수도, 도망갈 수도 없는 감옥이었으니까요. 게다가 노예의 사정을 봐줄 리 없고, 억울함을 변호할 권리마저 없으니 어찌할 도리가 없었습니다.

"간수장의 우월감은 열등감과 맞닿아 있다네. 그러니 신경 쓰지 말게. 자네에 대해 피해 의식이 있나 보지. 스스로

에게 당당한 사람은 노예와 경쟁할 필요가 없을 텐데 말이
야. 그만큼 자네가 위협적으로 느껴지나 보군. 저 사람도 안
됐어. 스스로 하찮다고 여기는 노예에게 저토록 신경 쓰다
니 말일세."

사람들은 요셉을 학대하는 간수장을 두고 말이 많았습니
다. 요셉의 마음은 어땠을까요?

하루는 나이가 지긋한 한 고위 간부 출신 죄수가 요셉의
의중을 떠보았습니다. 마침 그날은 간수장이 요셉을 닦달해
하루 종일 심한 고역에 시달린 날이었습니다.

"피곤해 보이는군."

"이 정도는 참을 만합니다."

"간수장은 자네를 꽤나 밉보았나 봐. 왜 그런 거 같나?"

이에 요셉은 잠시 침묵하더니 대답했습니다.

"그분 마음은 잘 모르겠지만 이런 상황을 허락하신 하나
님 마음은 조금 알 것 같습니다. 솔직히 말씀드리면, 간수장
님 마음보다 제가 믿는 하나님 마음을 알고 싶은 것이 제 진
심입니다. 하나님의 뜻과 허락 없이 제 삶에 일어날 수 있는
일이란 없으니까요."

"그래, 자네의 신은 자네에게 뭐라고 말씀하셨나?"

"글쎄요. 제가 감히 그분의 큰 뜻을 어찌 다 알겠습니까. 다만 저의 영적인 근육을 키워 주시는 중이라는 것만 감지했을 뿐입니다. 외부에서 어려움이 다가올수록 내면에서는 집중력이 생깁니다. 어쩌면 그동안 너무 편했었구나 하는 생각도 듭니다."

"간수장이 밉진 않은가?"

이 물음에 요셉은 웃음이 나오고 말았습니다.

"아, 죄송합니다. 생각지도 못한 질문을 하셔서요."

"그러면 한 번도 그런 생각을 해 본 적도, 그런 감정을 느낀 적도 없단 말인가?"

"결국 자리를 옮기는 것은 하나님의 뜻이었습니다. 처음에는 익숙하고 당연한 것들이 흔들리니 당혹스럽기도 했고, 간수장님의 트집과 시비에 어떻게 대처해야 할지 몰랐던 적도 있습니다. 그럴 때 제가 내리는 답은 딱 한 가지입니다."

"그게 뭔가?"

"마음을 지키는 것이지요."

"참 도인처럼 말하는군."

"어렸을 때 형들에게 팔려 노예로 이집트에 오면서부터 지금까지 저는 수많은 일을 겪었습니다. 그러면서 얻은 교훈이 한 가지 있습니다. 좋은 일과 나쁜 일의 기준을 '지금 현재'에 두지 않고 '영원'에 두는 것입니다. 지금은 나쁜 일처럼 다가오는 일도 시간이 흐른 뒤에 보면 꼭 나쁜 일만은 아니었다는 것을 알았어요. 하나님의 관점, 즉 영원의 관점에서 보면 보이는 것에 일희일비하지 않을 수 있습니다."

"그게 자네의 생존 방식이었나?"

"하하. 그런 셈인가요. 철저히 하나님의 주권을 인정하고 하나님에 의해 이끌림 받는 삶. 처음에는 그 수동성이 몹시 불편했지만 하나님은 저를 그런 체질로 변화시키고 계십니다. 이 감옥은 그런 체질을 개선하는 훈련소인 셈이죠. 저의 억울함을 풀어 주거나 신원하는 것은 그분의 몫이지 제 일이 아니라는 것을 뒤늦게 깨달았습니다. 제가 그 영역을 침범하면 월권인 셈이죠. 그분의 영역은 그분께서 하시도록 맡겨 드리고, 나는 내 할 일을 할 뿐입니다. 내가 해야 할 것은 분명합니다. 불편한 수동성의 믿음으로 체질을 바꾸는 것이지요. 하나님은 내게 '인내'라는 카드를 사용하셨습니다. 인내를 통해 저는 배웠습니다. 그분이 전적으로 이끄는 대로 사는 수동성이야말로 그 어떤 능동적인 삶보다 어마어마한 에너지가 필요하다는 것을요. 또 그 수동성은 능동성을 뛰어넘는다는 것을 비로소 깨달았지요."

"그래도 고생 끝에 낙이 있다는 말이 있지 않은가. 자네는 어떤 환경에서든 성실했다고 들었네. 능력도 탁월했다지. 또 자네가 누명을 썼다는 말도 있더군. 정말 파란만장한 삶이야. 그런데도 지금 자네는 감옥에 있어. 내가 보기에 자네가 믿는 신은 자네에게 너무 가혹하셔. 자네 삶에 아무 일도 일어나지 않잖나. 아니 오히려 어려워졌지. 자네가 믿는다는 그 신이 이렇게 자네를 외면하고 침묵하는데 어떻게 그런 평화로운 말을 할 수 있지?"

요셉의 눈이 가늘게 떨렸습니다.

"저라고 왜 마음이 요동치지 않았겠습니까? 처음에는 그분을 향한 원망이 솟구쳤습니다. 그런데 지금은, 이런 일이 일어날 때마다 제 바닥을 봅니다. 바닥을 본다는 것은 절대 유쾌한 일이 아니지만 스스로를 속여 거짓된 것들로 자신을 채우는 것보다는 훨씬 건강하고 바람직한 작업이지요. 불쑥

불쑥 찾아오는 아득함, 절망감, 탄식이 있습니다. 하지만 그런 순간에도, 내가 느끼지 못하는 순간에도, 아니 내가 그분으로부터 돌아서서 그분이 없는 것처럼 생활할 때에도 그분은 나에 대한 신의를 지키십니다."

요셉은 다시 생각을 정리하는 듯하더니 말을 이었다.

"내가 원하는 것과 그분이 원하는 것, 내가 주장하는 때와 그분이 계획하신 때, 모든 갈등은 두 가지 사이에서 일어납니다. 그럴 때 저는 내 것을 버리고 그분의 것으로 마음을 정합니다. 물론 어렵습니다. 포기할 게 너무 많으니까요. 소망이 이렇게 아픈 말인 줄 미처 몰랐습니다. 아픔 속에서 피어나는 것이 소망입니다. 그건 미래에 대한 막연한 기대와 희망과는 다릅니다. 내가 죽어야 하는, 피를 토하는 것처럼 내 자신의 모든 것을 토해야 하는 그때 비로소 피어나는 게 소망이더군요. 이 안에서 죽을 수도 있겠다, 내 삶은 여기서 끝날 수도 있겠다, 그런 아픔이 제 안에 있습니다. 하지만 그렇다 할지라도 이 안에 최선이 있다는 것을 바라보는 것, 하나님의 최선과 사랑이 있다는 것, 아무것도 남지 않고 하나님과 저만 남은 상태, 그것이 그 아픔 속에서 피어나는 저의 소망입니다. 전 그렇게 하루하루 주어진 삶에 최선을 다할 뿐입니다."

"그러나 원하는 것이 있고 목적이 있으면 아무 변화 없는 일상을 참기가 매우 어렵지. 내 수고와 최선이 헛되게 느껴지기도 하고 말일세."

"그래서 저는 이 모든 게 지나가는 과정이 아니라 소중한 순간이라고 생각합니다. 내일은 내일의 것이니까요. 오늘 하루를 영원으로 건져 올려 사는 것이 그분 뜻이라고 믿습니다. 그러면 그분은 내일을 준비하시겠지요."

요셉의 대답을 듣고 있던 노인의 눈에는 감탄과 대견함의 빛이 반짝였습니다. 노인은 나지막하게 말했습니다.

"이 젊은이는 이미 이곳을 넘어섰군."

scene 8

방으로 온 요셉은 가만히 주변 정리를 하고 앉았습니다. 환한 달빛이 요셉의 방을 뚫고 들어왔습니다.

'다른 사람을 배려하지 않고 자기만 잘난 사람. 사람들은 간수장이 그런 사람이라고 욕합니다. 하지만 저는 그에게서

저의 어린 시절을 봅니다. 제 잘난 맛에 형들을 곤경에 빠트리고도 옳은 일을 했으니 당연하다고 생각했던 어린 시절. 저는 참으로 지독한 철부지였습니다. 그런 저를 철들게 하기 위해 사람 막대기와 인생 채찍으로 다루셨지요. 지금까지 참 많은 고개를 지났습니다. 제가 가장 견디기 힘든 것은 하나님에게 버림받은 것 같을 때였습니다. 하지만 이제는 하나님의 외면과 차가운 침묵이 때론 최선의 응답일 수 있다고 생각합니다. 그 정점에서야 비로소 하나님의 가장 깊은 마음, 상실감과 고통에 이를 수 있기 때문입니다. 그 마음에 이른 자만이 진정 하나님의 진심을 알 수 있고 어떤 오해 없이 하나님의 뜻을 헤아리고 받아들이고 행할 수 있다는 사실을 깨달았습니다. 비록 제 삶이 이 감옥을 넘어서지 못한다 해도 하나님은 제가 하는 모든 일에 복을 주셨습니다. 그것으로 충분합니다.'

그날 밤, 잠자리에 든 요셉은 오랜만에 형들의 꿈을 꾸었습니다. 비록 꿈이지만 요셉은 형들에게 미안함과 안쓰러움을 느꼈습니다.

그 즈음, 왕궁에서 이상한 일이 벌어졌습니다. 이집트의 바로 왕이 이상한 꿈을 꾼 것입니다. 얼마나 생생했던지 그냥 꿈이라고 지나칠 수가 없었습니다. 그것도 비슷한 내용을 며칠 연거푸 꾸니 분명 메시지가 있어 보이는데, 도무지 헤아릴 수가 없었습니다.

바로 왕은 이집트의 모든 술사와 박수들을 불러 자신의 꿈을 해몽하라고 명령했지만 어찌 된 일인지 해석하는 이가 한 명도 없었습니다. 속이 타들어 간 바로 왕은 번민으로 가

득한 나날을 보냈습니다. 그때 술 맡은 시종장 머릿속을 스치는 사람이 있었습니다.

"그래, 감옥 안에서 내 꿈을 해몽했던 그 젊은이!"

그는 무릎을 탁 쳤습니다. 그날의 해몽이 우연이었는지 모르지만 그 젊은이의 수정처럼 맑은 눈동자는 왠지 신뢰할 만했던 것이 기억났습니다. 술 맡은 시종장은 바로 왕 앞에 나아가 요셉에 대한 이야기를 꺼냈습니다. 다급했던 바로 왕은 얼른 요셉을 자기 앞에 대령하라고 명령했습니다.

그 시각, 요셉은 한창 일하고 있었습니다. 여느 때와 다름없는 일상이었지요.

그런데 그날은 요셉의 인생에 있어서 새로운 막이 열리는 날이었습니다. 하나님이 요셉을 진짜라고 인정한, 하나님의 때가 찬 바로 그 순간이었습니다.

epilogue

하나님이 주시는 형통의 복을 누린 요셉. 그는 비록 노예와 죄수의 신분으로 감옥에 있었지만 엄연히 하나님의 관점에서는 '형통한 자'였습니다.

그는 감옥에서 한 번도 승승장구를 꿈꿔 본 적이 없습니다. 감옥에서 그가 품었던 꿈은 참 단순하고 소박했습니다. 아버지가 계신 고향으로 돌아가는 것뿐이었습니다. 그러나 그 꿈은 이루어지지 않았습니다. 하나님은 아직 남아 있는 요셉 자신의 의를 비워 내는 작업을 계속하셨습니다. 요셉의 의는 자신을 변호하는 과정에서 툭 튀어나왔습니다. 그가 한 말은 거짓은 아니었지만 하나님은 그것조차 비워 내기 원하셨습니다.

만약 시종장들의 꿈을 해몽한 뒤 바로 요셉이 풀려났다면 어떻게 되었을까요? 이집트의 바로 왕이 자신의 꿈을 해몽할 사람을 절실히 찾을 그 시간, 이스라엘을 씨족이 아닌 민족으로 키우고자 하는 하나님의 때가 찬 그 시간, 요셉이 하나님으로부터 '진짜'라고 인정받은 그 시간. 그 모든 시간이 한 치의 오차도 없이 맞아떨어질 하나님의 시간에 이를 때까지 요셉은 기다려야 했습니다.

그러나 그냥 기다리지 않았습니다. 그는 그 시간 속에서 하나님의 형통을 누리는 사람으로 변화되었습니다. 세상이 말하는 성공이 아니라, 하나님이 함께하시는 것이 '형통'이라는 것, 그 천국의 비밀을 깨달았던 거지요. 그래서 자신에게 닥친 상황을 지나가는 과정이 아닌 소중한 순간으로 인식할 수 있었습니다. 그는 인내의 과정을 거쳐 단련되었고, 결국 하나님이 원하시는 사람으로 완성되었습니다.

그런 그를 통해 하나님은 이스라엘 역사를 새롭게 쓰셨습니다. 이스라엘이 씨족에서 민족을 이루는 데 반드시 필요했던 이집트로의 이동. 그때 교두보 역할을 한 것이 바로 요셉이었습니다.

story 3

베드로

intro

'실패'라는 화두는 많이 회자되어서 너무 익숙한 단어지만, 정말로 '실패'가 자신의 삶에 다가오면 누구든 무척 당황합니다. 더구나 큰소리 떵떵 칠만큼 자신했던 일을 실패했을 때는 더 당혹스럽지요.

실패는 누구의 인생이든 차별 없이 찾아갑니다. 제아무리 대단한 사람이어도 크고 작은 실패를 경험하지요. 사실 실패 자체보다 더 사람을 괴롭히는 것은 실패 뒤에 따라오는 것들입니다. 좌절, 절망, 무력감, 수치심, 박탈감, 실망감, 혹은 어떻게든 만회하고 싶은 마음…….

물론 실패한 순간에 긍정의 에너지를 끌어 모아 '실패는 성공의 어머니'라고 스스로 격려하며 다시 일어서는 사람도 있습니다. 하지만 대부분 사람들은 실패 앞에 비슷한 모양으로 반응합니다. 실패만큼 우리 자신을 무력하게 만드는 것이 또 있을까요?

여기, 돌이킬 수 없는 실수 때문에 삶 전체가 뒤흔들린 사람이 있습니다. 스스로에 대한 모멸감과 꿈이 박살 난 뒤의 박탈감, 어떻게든 상황을 모면하고 싶어 하는 비겁함이 누구보다 용감했던 그를 한순간 뒤덮었습니다. 그의 적나라한 모습은 언제 어디서든 실패감을 상대해야 하는 우리에게 좋은 본보기가 됩니다.

큰소리치기 대왕, 나서기 일등, 급한 성질 지존, 그래서 열심이 특심이었던 예수님의 제자 베드로가 바로 그 주인공입니다.

scene 1

덩치 크고, 큰소리치는 것 좋아하고, 둘째가라면 서러울 행동
파인 사내는 요즘 완전히 딴 사람이 되었습니다. 말수가 부
쩍 줄었을 뿐 아니라 잔뜩 소심해져서는 아무것도 하려 하지
않았습니다. 동료들은 갑작스러운 그의 변화가 낯설었지만,
그 이유를 알았기 때문에 모른 척할 수밖에 없었습니다.

배신자.

그는 그 화인을 맞은 겁니다. 스승으로 따르던 예수님이
돌아가시고 제자들의 행보를 보면, 사실 제자들 모두 그 굴
레에서 벗어날 수 없었지만, 그 누구보다 충성을 맹세했던
그였기에 그 화인이 더 뜨겁고 아팠습니다.

베드로의 충성심은 진심이었습니다. 단지 그 충성심은 무

르익을 때까지 시간이 필요했을 뿐입니다. 사람들이 예수님을 잡으러 왔을 때, 칼을 뽑아 대제사장의 종 말고의 귀를 잘랐던 때만 해도 베드로의 충성심은 불완전하게나마 가동되었습니다. 그런데 예수님이 정말로 잡혀 죽게 되다니, 전혀 예상치 못한 상황이 닥치자 베드로는 충격에 빠져 그만 사탄에게 농간을 당하고 말았습니다. 계집종이 자신을 알아보고 "예수와 함께 있던 자"라고 말하자 "예수를 모른다"고 부인한 것입니다.

꿈이었으면 좋겠는, 그림이라면 지우고 싶은 그런 장면이 베드로의 뇌리에 주홍글씨처럼 깊이 박혔습니다. 자책감과 자괴감은 베드로의 존재 전체에 문신을 새기는 것처럼 아픔과 고통을 주었습니다.

그런데 이게 웬일인가요. 스스로 구제불능이라고, 비참한 실패자라고, 회복할 길이 없다고 자책할 때, 그때 그분 말씀대로 부활하신 주님이 나타나신 겁니다.

부활 자체는 어마어마한 사건이었습니다. 부활하신 주님을 마주한다는 것은 모든 의심과 회의를 모두 거둘 만큼 놀랍고 기쁜 일이었습니다. 그러나 그는 기쁜 만큼 죄책감과

고통이 커졌습니다. 이전 같으면 당장 그분의 부활을 떠들고 다녔을 법한데, 이제 베드로는 숨을 구멍이 있다면 아무도 모르게 숨어 버리고만 싶었습니다. 이렇게 못난 자신이 그분 앞에 다시 서다니, 베드로는 견디기 힘들었습니다. 보기 좋게 예수님을 배신한 제자를 대놓고 야단치거나 책망하면 좋겠는데, 오히려 "평안하라"고 하시니 더 가시방석이었습니다.

평안을 명령하신 그분은 여느 때와 다름없이 따뜻하고 깊은 눈빛으로 베드로를 바라보았습니다. 그분의 눈은 모든 것을 알고 있다고, 용서한다고 말하는 것 같았습니다. 그 눈빛에 베드로의 가슴은 더욱 옥죄는 듯했습니다.

베드로는 자신의 화인 맞은 마음을 꼭 안아 주신 주님이 너무 고마우면서도 슬펐습니다. 어떻게 저런 분을 배신했단 말인가. 베드로는 용서받았다는 사실을 알았고, 주님의 용서를 받아들였지만 그러나, 그러나…… 전과 같을 수는 없었습니다. 그 사실을 베드로는 누구보다 빨리 눈치 챘고, 그래서 슬펐습니다.

scene 2

"이제 나는 갈릴리로 갈 겁니다."

베드로의 선언에 모두들 깜짝 놀랐습니다. 사실 제자들은 부활하신 주님이 나타나신 이후, 어찌해야 할지를 잘 알지 못했습니다. 아무도 말하는 사람이 없었습니다. 분명 주님은 약속하신 대로 부활하셨고, 그들이 기다리던 메시아가 맞는데, 그런데 이제 어떻게 해야 하나, 각자 속으로 고민이 컸을 것입니다. 그들은 "기다리라"는 주님의 말씀을 여전히 이해하지 못하고 갈팡질팡했습니다. 그때 베드로가 박차고 일어나 말한 것입니다.

"고기를 잡으러 가겠습니다."

고기를 잡으러 간다고? 사람들은 자신의 귀를 의심했습니다.

'이런 상황에서 고기를 잡으러 가다니. 도대체 무슨 생각인 거지?'

뜬금없는 베드로의 결정에 모두들 적잖이 당황했지만 그렇다고 말릴 수도 없었습니다. 그래도 명색이 수제자였는데 베드로가 그런 결정을 했을 때는 무언가 생각이 있을 거라고

127

여겼습니다.

'그가 최선의 결정을 내릴 거야. 그때까지 기다리자.'

그러나 한편으로는 그가 정말 예전처럼 어부로 돌아갈 심산인지 의구심이 들었습니다.

'우리 열 한 명은 자격 미달로 모두 낙오된 것일까?'

'나도 예전의 삶으로 돌아가야 하는 거 아닌가?'

모두들 혼란스러웠습니다.

"자네, 돌아올 건가?"

제자 중 한 명이 용기 내어 물었습니다. 베드로는 어떻게 답해야 할지 알 수가 없었습니다. 예전의 베드로라면 이런 상황에서 고기를 잡으러 가기는커녕 분명 "나를 따르라"고 했을 테지만, 지금은 180도 다른 모습이었습니다. 베드로는 사람들이 궁금해한다는 것을 잘 알았지만, 그 질문에 직면할 용기가 나지 않았습니다. 그래서 아무 대답도 하지 못했습니다.

베드로의 의중을 전혀 알지 못했지만, 도마와 갈릴리 가나 사람 나다니엘, 세베대의 아들 야고보와 요한, 그리고 다른 두 제자도 할 수 없이 베드로를 따라가기로 결정했습니

다. 어차피 그들은 제자로 부름받기 이전에 함께 어부로 일
하던 사람들이니 함께 갈 명분이 충분했습니다.

갈릴리로 가면서 아무도 말문을 열지 않았습니다. 지금
눈앞에 벌어진 상황이 놀랍기도 하지만 그렇다고 무언가 나
아갈 바를 알 수도 없으니 답답할 따름이었습니다.

'이런 상황에서 다시 어부로 돌아가겠다는 건, 더 이상 주
님이 우리에게 명령하신 일을 하지 않겠다는 건가? 분명히
주님은 예루살렘을 떠나지 말고 하나님께서 약속하신 것을
기다리라고 하셨는데, 그 말뜻은 무엇이지? 기다린다면 언
제까지?'

모두 머리가 터질 것 같았습니다. 밑도 끝도 없이 고기 잡
으러 가겠다고 나선 건 분명 베드로다운 일이기는 했지만
지금으로서는 그다지 좋은 선택 같지 않았습니다. 베드로가
저만치 앞서갈 때 다른 제자들이 서로 눈치를 보며 속삭였
습니다.

"지금은 어차피 대안이 없으니 지켜보자고."

한 제자가 말했습니다.

"베드로가 왜 그러는지 조금은 이해할 수 있을 것 같네.

우리에게도 염치라는 게 있는데."

"정말 주님은 베드로를 자격 없다고 하실까?"

"글쎄, 지금으로서는 알 길이 없지. 그러나 그분이 우리와 함께하면서 보여 주신 성품을 보면 그렇지 않을 가능성이 높지 않을까. 그분은 사랑을 거둬들인 적이 없지 않은가. 명령하시기는 하지만 결코 억지로 하게 하지는 않으셨지. 난 주님이 여전히 베드로를 사랑하고 베드로를 향한 기대를 접지 않았을 거라고 믿고 싶네. 베드로가 그 사실을 온전히 받아들일 때까지는 스스로를 용서하고 회복할 시간이 필요한 것 아닐까."

"그분은 어쩐지 베드로의 가장 깊은 밑바닥에 이미 내려가 기다리실 것 같은 생각이 드는군. 우리에게도 마찬가지지만."

scene 3

제자들은 모두 디베랴 바닷가에 도착했습니다. 그들에게는 가장 익숙한 삶의 터전이었습니다.

그들은 그동안 잠시 손을 놓았던 고기잡이를 다시 시작하기 위해 준비한 다음 갈릴리 바다로 나갔습니다. 아무 일 없다는 듯이 능수능란하게 그물을 던졌습니다. 오랜만에 손에 잡아서인지 그물이 낯설었습니다.

"베드로, 설마 진짜 어부로 살겠다는 건 아니지?"

조심스럽게 요한이 물었습니다.

베드로는 깊게 한숨을 내쉬었습니다. 천금 같은 무게가 실린 질문이었습니다. 피하고 싶은데 자꾸만 눈앞에 바짝 다가오는 질문이기도 했습니다.

"나도 묻고 싶군. 자네는 앞으로 어떻게 할 생각인가?"

베드로의 기습 질문에 모두 흠칫 놀랐습니다.

"자네들도 대답할 수 없지 않나? 그런데 왜 나한테 답을 구하는지 모르겠군. 나도 자네들과 똑같네."

베드로는 슬픈 목소리로 대답했습니다. 그들이 탄 배에 적막이 흘렀습니다. 간간이 무료함을 달래기 위해 소소한 농담을 주고받기는 했지만 그들 사이에 흐르는 어색함과 긴장감은 팽팽해졌습니다. 그 침묵을 깨고 야고보가 말했습니다.

"우리는 이제 그분과 끝난 걸까?"

모두들 마음이 싸해져 고통스러웠습니다.

"그건 아니야."

베드로가 단호하게 말했습니다.

"그분과의 관계는 변하지 않을 거야. 하지만…… 주님이 하라고 하신 일을 할 수는 없어."

"그래서 갈릴리로 다시 돌아온 건가? 그러면 자네는 진짜 어부로 살기 위해 온 것이군."

베드로는 입을 꾹 다문 채 그물을 만졌습니다. 그리고 생각을 정리한 듯 말했습니다.

"무슨 일이든 해야 하지 않나. 이제 더 이상 제자로서는 살 수 없으니 다른 무엇이라도 해야지. 내가 가장 잘할 수 있는 일이 뭔가 생각해 봤네. 뭐가 있겠나. 고기 잡는 일이지. 다시 예전으로 돌아온 거야. 하지만 좋은 교훈을 얻었으니 이전과는 다른 어부로 살 수 있겠지. 이제 제 2의 삶을 살아야지 않겠나."

그는 스스로를 실패자라고 생각했습니다.

"자네의 열정은 싸늘히 식은 건가?"

다시 요한이 물었습니다. 그 물음에 베드로는 속으로 대답했습니다.

'신뢰가 깨졌으니 당연한 거 아닌가. 자네 같으면 자신을 배신한 사람과 같이 일할 수 있겠나?'

scene 4 물고기가 많이 잡힐 시간인데 웬일인지 한 마리도 잡히지 않았습니다. 몇 차례나 그물질을 했지만 헛수고였습니다. 어차피 처음부터 그물질은 그저 구실일 뿐, 고기를 잡으려는 마음은 아니었습니다. 그래도 고기가 잘 잡혀 정신없이 바쁘면 어색함과 난감함이 덜할 텐데 허탕을 치니 그들은 맥이 풀렸습니다. 그물을 다 걷어 들이고 허탈해하는 순간, 물고기들이 약을 올리듯 배 주변을 맴돌았습니다.

"물고기를 보니 물고기 두 마리와 떡 다섯 개로 오천 명을 먹이시던 일이 생각나는군. 그땐 정말 흥분되었지."

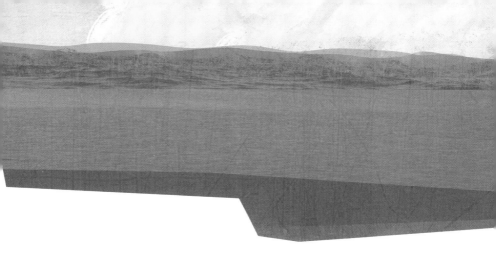

　“맞아. 열두 광주리나 남았었잖아. 나는 살면서 그때처럼 경이로웠던 적은 없었다네.”

　“어디 그뿐인가? 나사로를 살린 건 어떻고. 난 정말 죽은 사람이 일어날 거라고는 상상조차 하질 못했다니까. 눈앞에서 보면서도 꿈을 꾸는 것은 아닌지 의심될 정도였어.”

　“주님의 기적은 가나의 혼인 잔치 때부터 시작되었지. 그때 그 포도주 맛은 정말 기가 막혔는데…….”

　“그리고 보면 주님은 늘 무언가 결핍될 때를 기다리신 것 같아. 꼭 부족할 때 기적을 베푸신 것을 보면 말이야."

그들은 주님과 함께 다닐 때 일어난 이적을 마치 자기 자랑하듯 떠들었습니다. 잠시나마 과거의 좋았던 일을 기억하는 건 분위기를 바꾸는 데 제격이었습니다. 그러나 여전히 베드로는 입을 열지 않았습니다.

"자네는 어떤 사건이 기억나나?"

베드로는 가만히 생각에 잠겼습니다.

"물 위를 걸어오셨었지. 우린 그분이 귀신인 줄 알고 기겁했고. 그날도 이렇게 시커먼 밤이었는데……."

"맞아. 그날 자네도 물 위로 걷다 빠졌더랬지."

그들 사이에서 처음으로 낮은 웃음이 흘러나왔습니다. 주님과 함께한 추억들은 그들 마음속을 그리움으로 꽉 채웠습니다. 그들은 동시에 날카로운 아픔을 느꼈습니다.

"주님이 다시 이 강가로 걸어오신다면 우리를 보고 뭐라고 하실까?"

요한이 말했습니다. 배 안에 정적이 흘렀습니다.

"자네는 어부로 살면 편할 것 같은가?"

"……."

"뭐라고 말을 해 보게. 주님이 우리에게 다시 어부 일을 하라고 하시진 않았어."

"나도 알아."

"그러면 아직 죄책감이 남아 있는 건가?"

"아니야. 나는 주님이 나를 용서하셨다는 것을 아네. 그렇지만……."

"용서받았으면 된 것 아닌가?"

"그러나 소명은 달라. 용서받는 것과 소명이 회복되는 것은 다른 문제야. 난 소명받을 자격을 상실했네. 용서받기는 했지만 더 이상 이전에 받은 소명을 그대로 간직할 자격은 없다는 뜻이지. 내 헌신은 배신으로 얼룩져 버렸네. 제자로서의 자격을 박탈당해 버린 거야."

베드로는 스스로에게 화가 나서 견딜 수가 없었습니다. 자신의 헌신이 얼마나 가벼웠는지를 돌아보는 것 자체가 고통이었습니다. "주님을 떠나지 않을 겁니다"라고 자신만만하게 고백했던 자신이 부끄러워 얼굴이 달아오르기까지 했습니다.

무거운 적막이 배 안을 가득 채웠습니다. 그들 마음속에

짙은 슬픔이 드리워졌습니다. 베드로가 그렇다면 도망갔던 나머지 제자들도 별반 다르지 않았기 때문입니다.

"하지만…… 그분을 향한 내 마음은 진심이었네."

아무도 눈치 채지 못했지만 베드로의 눈에서 눈물이 흘렀습니다. 가슴속에 묻어 두었던 말을 꺼내는 순간, 그 말은 비수처럼 베드로의 마음을 찔렀습니다. 베드로는 마음속으로 몇 번이나 되뇌었습니다.

'주님, 어쩔 수 없는 선택이었습니다. 저 같은 사람이 무슨 자격으로, 또 무슨 능력으로 주님의 제자로 살아가겠습니까. 제자로서 저는 실패자입니다. 능력도 없고 주제도 안 된다는 것을 깨달았습니다. 그래서 다시 어부로 돌아왔습니다. 제가 잘할 수 있는 일을 하면서 열심히 살겠습니다.'

베드로는 용서받았다고 믿었지만 차마 주님의 제자로 다시 설 수 없다고 생각한 것입니다.

scene 5

그들은 밤이 새도록 수고를 했습니다. 마음을 무겁게 하는 생각을 다 떨쳐 버리려는 듯 잡히지도 않는 그물을 올렸다

내리기를 반복했습니다. 그런데 이상할 정도로 고기가 안 잡혔습니다. 그저 허망한 그물질만 하다 날이 밝았습니다. 모두 지칠 대로 지쳤습니다. 춥고 배도 고팠습니다. 허탕을 친 채로 돌아가는 것은 싫지만 더 있어 봐야 고기가 잡힐 것 같지도 않아 돌아가기로 했습니다. 참으로 쓸쓸하고 참담한 새벽이었습니다.

그런데 그들이 노를 저어 강가에 이르렀을 때, 누군가 그들을 향해 소리쳤습니다.

"무엇을 좀 잡았느냐?"

제자들이 그 소리에 깜짝 놀라 해안가를 바라보았습니다. 누군가 서 있었습니다.

"못 잡았소이다."

제자들은 얼떨결에 대답했습니다.

"그물을 배 오른편에 던져 보아라. 그러면 고기가 잡힐 것이다."

갑작스러운 낯선 이의 충고에 모두 어안이 벙벙했습니다. 순간 얼음처럼 꼼짝할 수가 없었습니다. 자신들이 잘못 들은 것은 아닌지 의심스럽기까지 했습니다.

그들 중 네 명은 어부로 잔뼈가 굵은 사람들이었고, 그 동네에서 그 사실을 모르는 사람은 거의 없었습니다. 예수님을 쫓아다닌 지난 3년이라는 공백이 있긴 하지만 그래도 그 일을 평생 업으로 삼던 사람들인데 그런 그들에게 말도 안 되는 충고를 하다니, 어이가 없었습니다. 게다가 지금은 밤새 허탕을 쳐서 온몸이 지친 상태였습니다.

하지만 베드로는 달랐습니다. 모두 쭈뼛거리는데 그가 말했습니다.

"저희가 밤새 수고했지만 아무것도 얻지 못했습니다. 하지만 선생님의 말씀을 믿고 한번 해 보겠습니다."

그러자 다른 사람들이 모두 베드로를 보며 '왜 그러느냐?'는 눈총을 보냈습니다.

"베드로, 저 사람 말을 믿는 거야? 이 시간에 물고기들이 잡힐 리가 없잖아."

"그냥 한번 해 보자고."

"왜 갑자기 낯선 사람의 말을 따르는 건가?"

"저 사람의 목소리, 왠지 익숙하지 않나? 뭔가 힘이 느껴지는 당당함, 부드럽지만 확신이 있는 목소리 말일세."

"주님이 그러하셨지."

"저 사람에게도 그런 게 느껴져. 뭐, 밑져야 본전 아닌가."

그들은 거둬들였던 그물을 배 오른편에 던졌습니다.

"오늘은 정말 수고로운 날이군. 꼭 우리 신세 같아. 우리가 주님을 따라다니면서 했던 모든 일이 다 수포로 돌아간 것처럼 말이야."

모두 쓸쓸한 마음으로 기다리는데 갑자기 그물이 출렁거렸습니다. 화들짝 놀라서 그물을 잡았는데, 꽤 묵직했습니다.

그럴 리가 없는데…….

당황스러운 일이 벌어졌습니다. 그들은 정신없이 엄청난 무게의 그물을 걷어 올렸습니다. 얼마나 많이 잡혔는지 그물이 찢어질 것만 같았습니다.

온 힘을 다해 그물을 다 올리니 배에 고기가 가득했습니다. 모두 할 말을 잃었습니다. 만선의 기쁨보다 왠지 모를 두려움이 다가왔습니다. 참으로 이상한 기운이었습니다. 제자들의 눈은 일제히 강가에 있는 한 사람에게로 향했습니다.

저 모습…….

아스라이 안개처럼 희미하게 보이지만 마음이 먼저 쿵 하고 내려앉더니 생각이 선명해졌습니다. 그 순간 요한이 소리쳤습니다.

"주님이시다!"

scene 6

베드로는 머릿속이 하얘졌습니다. 앞뒤 생각할 것도 없이 그는 무언가에 홀린 듯 바다로 뛰어들었습니다. 바다 위를 뛰어서라도 갈 기세였습니다.

'주님, 주님이시다.'

베드로는 주님을 만나 무엇을 해야겠다는 생각도 없었습니다. 준비해 둔 말이 있는 것도 아니었습니다. 그저 본능적으로 주님께 이끌릴 뿐이었습니다. 주님이 가까워질수록 베드로는 더욱 애가 탔습니다. 마음이 앞서 자꾸 중심을 잃었지만 한시도 주님에게서 눈을 떼지 못했습니다. 90미터 남짓한 거리가 십 리 길은 되는 것처럼 멀게 느껴졌습니다.

그런 베드로를 바라보는 주님의 눈빛은 무척 평화로웠습니다. 주님은 다 안다는 듯 따뜻한 미소를 머금고 있었습니다.

마침내 주님 앞에 이르렀습니다.

막상 주님을 대면하니 무슨 말부터 해야 할지 알 수 없었습니다. 갑자기 거울을 본 것처럼 자신의 모습이 확연히 보이면서 부끄럽고 무안했습니다.

'아, 이런 한심한 모습이라니…….'

베드로가 멈칫거리자 주님이 먼저 말을 건네셨습니다.

"내가 너희를 위해 아침을 만들어 놓았다."

그러고 보니 한쪽에 구워 놓은 생선들이 보였습니다. 옆에 빵도 있었습니다. 베드로는 왈칵 눈물이 났습니다.

'따뜻한 아침 식사라니……. 너무나 주님다운 섬김 아닌가.'

주님은 전혀 변한 것이 없었습니다. 아무 일도 없었다는 듯이 제자들을 맞이하셨습니다. 하지만 베드로는 마음이 전과 같을 수 없었습니다.

도대체 이 실패한 제자한테 주님이 왜 찾아오신 걸까요.

주님을 다시 보게 되어 한없이 기쁘면서도 그와 동시에 가슴이 저릿저릿 아팠습니다. 가까이 갈 수도, 그렇다고 멀찍이 있을 수도 없는 매우 난감한 상황이었습니다. 용서받기는 했지만 그의 열정은 치명적인 상처를 입었습니다. 베

드로는 자꾸 움츠러들었습니다.

이제 자신은 특별히 선택된 제자가 아니라, 예수님을 믿는 무리 가운데 한 명일 뿐인 것 같았습니다. 그나마도 감지덕지할 정도였습니다. 만약 용서받지 못하고 버려졌더라면……. 생각만 해도 끔찍했습니다.

이제 전처럼 특별한 제자로 사는 건 뻔뻔한 일이라 생각했습니다. 가슴은 쓰리지만 적당한 거리를 두고 주님을 보는 것에 만족해야 한다고 스스로 타일렀습니다. 그렇게 주님 곁으로 선뜻 다가가지 못하고 있을 때 주님이 말씀하셨습니다.

"너희가 지금 잡은 생선을 조금 가져오너라. 많이 잡았느냐?"

마음이 불편했는데, 할 일이 생기니 다행이었습니다. 베드로는 물고기를 세기 시작했습니다. 왠지 주님의 시선이 강하게 느껴졌습니다.

"153마리입니다."

대답하면서 주님과 눈이 마주친 베드로는 흠칫 놀랐습니다. 주님의 깊은 눈빛이 베드로의 마음 깊숙한 곳을 찌르는 것 같았기 때문이었습니다.

'그렇게 많이 잡으니, 기쁘냐? 만족스럽느냐?'

'아닙니다, 주님. 그보다 주님을 다시 뵙게 된 것이 더 기쁩니다.'

'그런데 왜 다시 고기 잡는 일을 하려 하느냐?'

'저는 제자로서 실패했으니까요.'

'그러면 어부로서는 성공할 수 있다고 생각한 것이냐? 그 일에 있어서만큼은 자신 있기 때문에?'

'네, 적어도 실패하진 않을 테니까요.'

'네 안에 있던 자만심, 자기 확신, 자존심까지 모두 무너졌구나. 그래서 잘할 만한 일을 찾은 것이고. 그러나 아직도 모르겠느냐? 그 일이 너의 마음을 회복시켜 주지 않는다는 것을.'

베드로는 무언으로 주님과 대화를 나누었습니다. 그분은 눈빛만으로도 많은 말씀을 하셨습니다. 얼마나 예리하고 정확한지 베드로는 자신의 속이 훤히 내보여진 듯했습니다. 베드로는 더 들킬까 봐 겁이 나서 얼른 고개를 떨구었습니다.

"자, 너희를 위해 준비했다. 아침 식사를 하거라."

베드로와 제자들은 숯불 옆에서 물에 젖은 옷을 말리고, 주님이 준비해 주신 아침 식사를 했습니다. 처음에는 음식이 코로 들어가는지, 입으로 들어가는지조차 알 수 없었지만 차차 엄마 품속처럼 따뜻한 기운에 사로잡혀 나중에는 편안하고 맛있게 식사를 했습니다.

베드로가 식사를 마치자 주님은 베드로에게 해변을 함께 거닐자고 청했습니다.

'이번에는 또 무슨 말씀을 하실까. 지난번에 혼내지 못한 걸 다 쏟아 내시려는 건 아닐까. 내 선택이 어리석다고 충고하실 건가?'

베드로는 온갖 생각들로 머릿속이 가득 찼습니다. 이번에는 바보같이 우물거리지 말고 제대로 대답해야겠다고 다짐까지 했습니다. 예상 답변을 대강 뽑아 놓은 베드로는 주님이 먼저 말씀하실 때만을 기다렸습니다.

"베드로야, 네가 나를 사랑하느냐?"

순간, 베드로는 숨이 턱 막혔습니다. 전혀 예상하지 못한 질문이었던 것입니다. 살짝 덮어 두었던 상처가 드러나면서 이루 말할 수 없는 통증을 느꼈습니다. 너무 당황스러워서 베드로는 예수님의 눈을 피하며 황급히 대답했습니다.

"네, 주님, 제가 주님을 사랑하는 줄 주님이 아십니다."

수제자로서 자격 미달임이 드러난 마당에 참 황당하기 그
지없는 질문이었습니다. 그때 주님이 또 물었습니다.

"네가 나를 사랑하느냐?"

베드로는 마음에 화살을 맞은 것처럼 꼼짝도 할 수 없었
습니다. 그리고 두려웠습니다. 어떻게 할지 몰라 당황스럽
기도 하고, 주님이 왜 똑같은 질문을 계속하는지 헤아릴 길
이 없었습니다. 그 단순한 질문이 베드로에게 엄청난 무게
로 다가왔습니다.

"네가 나를 사랑하느냐?"

세 번째 질문 앞에 베드로의 마음은 완전히 무너졌습니
다. 주님을 세 번 부인했던 그날 일이 생각나 베드로의 양심
을 사정없이 찔렀습니다. 그리고 그 어느 때보다 절박한 심
정이 되었습니다. 마음속에서 활화산이 터져서 뜨거운 용암
들이 목구멍을 타고 넘어오는 것 같았습니다.

"네, 제가 주님을 사랑하는 줄 주께서 아시나이다."

베드로는 죽을힘을 다해 고백했습니다. 그 대답이 떨어지

자마자 주님이 말씀하셨습니다.

"내 양을 먹이거라."

scene 7

저 멀리서 한 청년이 다가옵니다. 조금 소심해 보이는 청년이 베드로를 향해 걸어옵니다. 이십 대 초반으로 보이는 젊은 청년은 어디서 많이 본 듯한 인상입니다. 그에게는 젊은이다운 패기가 엿보였지만 눈빛에는 무언가 조심스럽고 불만족스러운 기운을 담고 있었습니다.

그가 가져온 물 잔을 베드로에게 건넵니다. 베드로는 물을 시원하게 들이킨 뒤 청년을 지그시 바라보았습니다. 베드로에게 무슨 대답이라도 들으려는 듯 한시도 눈을 떼지 않는 이 청년은 바로 마가 요한입니다.

"그때 어떤 마음이셨어요?"

마가는 베드로에게 물었습니다.

"'네가 나를 사랑하느냐'는 주님의 질문은 죄를 지은 뒤 느끼는 그 어떤 아픔보다 더 마음을 아프게 했단다. 오히려 죄는 감각을 무디게 하기 때문에 점점 아픔을 못 느끼지. 그러나 주님의 질문은 상상할 수 없을 만큼 나를 아프게 했다. 정말 육과 영을 찔러 쪼개는 것과 같은 느낌이었어. 하지만 괴롭지만은 않았다. 아픈 그 순간이 사실은 위대한 계시의 순간이기 때문이란다. 주님은 그분이 사랑하시는 자녀에게 이런 아픔을 허락하신다."

그 순간, 청년의 눈빛이 빛났습니다.

"나는 그때 스스로 제자로서의 자격을 영원히 박탈해 버렸다. 자격이 없다고 생각했지. 그런데 주님은 그날 나를 찾아오셔서 사도의 자리로 복귀시켜 주셨어. 그분의 질문은 나에게 다시 새로운 임무를 맡기시는 준엄한 명령과 같았다. 네가 나를 사랑한다면 내 양을 먹이라고 하셨지. 주님을 위해 다른 사람들을 사랑하고 섬기고 돌보는 사역을 하라는 명령이었다. 이전에 내가 했던 실패를 잊고 내 마음에서 우러나오는 사랑을 '행동'으로 보여야 할 때라는 것을 가르치신 거야."

그때까지 총명한 눈빛으로 베드로 이야기를 듣던 청년은 갑자기 풀이 죽었습니다.

"하지만 그건 베드로 당신이기 때문에 가능한 일이었을 거예요. 그래도 당신은 주님과 3년 동안이나 함께 생활했고 수제자였잖아요. 당신이니까 그렇게 한 것이지 다른 사람 같으면 어림도 없는 일이에요."

베드로는 그 청년의 어깨를 토닥여 주었습니다.

"진짜 그럴까? 정말 내가 특별해서 가능한 일이었다고 생각하니?"

그 청년은 말없이 고개를 떨구었습니다. 용기를 잃고 좌절한 이 청년을 보자 베드로는 과거 주님을 마지막으로 만났던 디베랴 바닷가에서의 일이 새록새록 생각났습니다. 이 청년을 향한 베드로의 심정이 바로 그때 베드로를 바라보던 주님의 심정이라고 생각하니 마음이 뭉클했습니다.

마가는 1차 선교 여행 때 사촌인 바나바를 따라나섰다가 타우르스 산맥 앞에서 되돌아왔습니다. 어머니 마리아의 헌신적인 기도와 기대가 있었지만 중도에 포기하고 와 버린 그때 일로 마가는 오랫동안 자책감에서 벗어나지 못했습니다. 어엿한 이십 대 청년이 된 지금까지도 그때 일이 그를 지배하고 있었습니다.

"전 겁쟁이고 비겁하고 지독히 이기적이죠. 힘들거나 제 상식에서 어긋나는 일은 견디지를 못해요. 그래서 도망쳐 버리죠. 그냥 안 하면 그만이라고 생각했어요. 전 부르심이 뭔지도 몰랐고, 헌신이라는 건 더더욱 문외한이었죠. 그래서 그다지 심각하게 고민하지도 않았어요. 다음에 또 기회가 오겠지. 그러면서 대수롭지 않게 타협했어요. 그런데 돌아오는 그 순간부터 이상하게 마음이 편하지 않았어요. 다시는 그런 기회가 주어지지 않을 것 같아요. 나처럼 한심한 인간은 구제 불능이에요."

베드로는 마가의 절망을 이해했습니다. 자세한 사정은 알수 없지만 어린 마가로서 그 여정이 쉽지 않았을 것입니다. 갑작스럽게 바울이 풍토병에 걸리고 게다가 원래 가려던 길이 막히면서 난데없이 험하기로 소문난 타우르스 산맥을 넘어야 한다니 얼마나 당황했을지 짐작이 되었습니다. 더군다나 그 산맥에는 종종 도적떼들의 공격이 있어 목숨까지 위험하다는 소문이 파다했으니 어린 마가로서는 두렵고 무거웠을 것입니다.

그뿐 아니라 사촌 형인 바나바만 믿고 야심차게 출발했는데, 선교 여행의 중심이 바나바에서 점점 바울로 넘어가는 것을 보면서도 그는 마음이 약해졌을 것입니다. 굉장한 사명감을 안고 어머니의 기대와 후원 속에서 선교 여행을 떠날 때만 해도 마가는 자신감이 가득했을 것입니다. 사촌 형까지 있으니 더욱 든든했겠지요. 절대 실패할 리 없다고, 아니 어쩌면 실패라는 단어조차 생각해 보지 않은 채로 떠났을지도 모릅니다.

그런데, 막상 길을 떠난 뒤 모든 계획이 어긋나자 마가의 마음은 요동쳤을 것입니다. 자신이 여태까지 한 번도 부딪히지 못한 의심과 두려움이 엄습해 떨었겠지요.

의심과 두려움. 그것은 베드로가 결코 잊을 수 없는 단어였습니다. 그래서 베드로는 마가의 마음을 충분히 이해했습니다.

"사람들은 너에 대해서 실망했을 거야. 다른 사람 이야기를 하기 좋아하는 사람들은 한동안 왈가왈부하겠지. 너는 예배에 나가기도 싫을 게 분명해. 사람들의 눈초리가 있으니까. 하지만 사실 가장 너를 괴롭히는 건 너 자신일 거다. 실패했다는 낙인을 스스로에게 찍은 거지."

마가는 울컥하는 것을 꾹 참았습니다.

"마가, 네가 느끼는 고통과 비참함을 이해한다. 자신에 대한 모멸감, 산산조각 난 자존심, 내팽겨진 열정과 패기, 그리고 실패자로 살아가야 한다는 두려움……. 그런 것들이 수시로 너를 공격할 거야."

"맞아요. 정말 잘 아시는군요."

"물론. 나도 그랬으니까."

"당신과 나는 달라요. 난 여기서 끝이라고요."

"그럴지도 모르지. 하지만 주님은 여기가 끝이라고 말씀하지 않으실 게다."

"어떻게 알죠?"

"내가 그분을 경험했기 때문에, 그분의 용납과 다시 일으키시는 은혜를 경험했기 때문에 말할 수 있단다. 나는 세 번 배신했지만 그분은 세 번의 사랑 고백을 통해 나를 완전히 자유롭게 해 주셨다. 물론 나의 실패로 인한 상처가 없어지진 않지만 더 이상 그것은 나를 아프게 하지 않는다. 상처가 아문 거지. 흉터는 남아 있지만 말이야."

베드로는 따뜻한 눈길로 마가를 응시했다. 그리고 말을 이었다.

"주님은 우리가 맞서야 할 실패와 두려움에 대해 아신다. 그 어두운 순간이 바로 우리를 다루시는 주님의 손길이거든. 우리가 쓰임받기 전에 반드시 거쳐야 하는 마지막 손길. 그 순간 만큼은 정말 죽음과 같은 고통의 시간을 건너야 한

다. 그분이 보이지 않기도 하고, 그래서 의심되기도 하고,
두렵기도 하고, 끊임없이 마음속에서 격동이 치기도 하지.
의심과 갈등 그리고 믿음 사이를 수도 없이 왔다 갔다 하는
시간들을 거치기도 하고, 때로는 차가운 자책감 속에 스스

로를 가두기도 하고, 언제 끝날지 모르는 길고 캄캄한 동굴을 지나는 것 같은 막막함 속에서 헤매기도 한다. 그때 비로소 자신의 밑바닥이 다 보인단다. 나 자신조차도 알지 못했던 밑바닥 말이다. 그것과 대면하는 건 정말 고통스러워. 하지만 기억하렴. 그 처절하고 절망스러운 고통의 손길이 사실은 근본적인 회복을 일으키는 손길이지. 그 손길을 경험하고 나서야 우리는 비로소 우리의 자리와 본분을 찾게 된다. 내 열정에 근거한 사명이 아니라 그분의 부르심에 의한 은혜의 사명을 받는 거다."

마가는 한숨을 길게 내쉬었습니다. 베드로의 말을 이해하면서도 자신은 그럴 자격이 없다는 생각이 자꾸 들었기 때문입니다. 전도 여행에서 중도 하차한 뒤 마가는 과거 베드로가 그랬던 것처럼 별별 생각을 다했습니다. 실패감을 떨치기 위해 더 열심히 살기도 했습니다. 하지만 무언가 정체되어 있다는 느낌은 영 가시질 않았습니다. 무엇을 해도 안되는 삶, 아무리 노력해도 열매가 없는 삶……. 그야말로 밤새 수고하되 얻은 것이 하나도 없던 베드로의 그날 밤과 똑같은 삶이었습니다.

"그날 밤도 그런 날이었다. 하지만 디베랴 바닷가에서의 만남은 나를 사도로 세우기 위한 그분의 마지막 손길이었어. 그 어둡고 춥고 황량한 밤이 없었다면 지금의 나는 없었을 거다. 마가, 지금은 주님이 너를 다루시는 마지막 과정이라고 믿는다."

마가는 가느다란 희망이라도 붙잡고 싶은 간절한 마음으로 베드로를 쳐다보았습니다.

"너의 마음속에는 여전히 주님을 향한 사랑이 있다는 것을 안다. 이제 그 사랑을 행동으로 보여야 할 때가 올 거야. 그 어수룩하고 이기적인 어린 마가는 이제 그분의 마지막 손길을 거치면서 성장하고 있는 중이란다."

가만히 베드로의 말을 듣고 있던 마가의 눈에서 작지만 환한 빛이 떠오르고 있었습니다.

epilogue

실패 앞에 서 보지 않은 사람이 있을까요? 산산조각이 난 꿈, 멀리 달아난 꿈 때문에 자괴감에 빠져 본 적이 있지 않나요? 사랑하는 사람에 대한 미안함 때문에 마음 아팠던 경험도 한 번쯤은 있을 겁니다.

베드로가 가깝게 느껴지는 건 우리가 가진 연약함을 고스란히 안고 있는 그의 인간적인 면모 때문입니다.

실패했던 제자 베드로가 다시 사도로서 재임명 받은 그날, 베드로는 그의 인생에 있어 가장 깊은 아픔을 겪어야 했습니다. 밤이 새도록 수고했지만 얻은 것이 하나도 없는 공허함과 허탈함을 맛보아야 했고, 인격의 가장 밑바닥을 건드리며 존재 전체를 쪼개는 것 같은 주님의 질문과 맞닥뜨려야 했습니다. 그렇게 자기에 대한 깊은 절망과 쓰라린 아픔을 통과하면서 베드로는 새로운 사명을 받을 수 있었습니다. 사도로 재임명을 받은 것입니다.

그 베드로를 통해 주님은 복음이 땅끝까지 전파되는 일을 시작하셨습니다. 이방 선교의 문을 베드로에게 열게 하신 것입니다.

하나님은 결코 우리를 떠나시지도, 버리시지도 않는 분이지만 어느 순간, 그분이 사라졌다고 느껴질 때가 있었습니다.

주님 말씀에 순종하려고 노력했고 그래서 희생도 감수하며 살아왔기에 이제 그 아름다운 결실을 보게 되리라는 기대로 부풀어 있을 때……. 그 클라이맥스를 앞두고 하나님이 사라져 버린 겁니다.

그때 느낀 당혹감과 허무함은 배신감으로까지 전이될 정도였습니다. 더 이상 내려갈 곳이 없다고 느낄 때 성경에서 문득, 하나님의 때가 이르기까지 주인공들이 겪은 '멈춤의 시간'을 발견했습니다. 노아가 방주의 문을 닫고서 기다려야 했던 7일, 시종장들의 꿈을 해몽한 뒤 애굽 왕 앞에 서기까지 요셉이 기다려야 했던 2년, 베드로가 부활의 주님을 만나고도 다시 어부로 돌아가 허탕을 쳤던 그날 밤.

성경에서 더 이상 설명하지 않은 그 시간이 궁금해졌습니다. '그때 그들에게 어떤 일이 일어났을까? 그들은 어떤 마음이었을까?' 그래서 상상의 나래를 펼쳐서 성경 속에 들어가 주인공들에게 말을 걸었습니다. 다행히 그런 묵상은 나를 하나님의 침묵으로 인한 고통에서 벗어나게 했습니다. 하나님의 진심, 그리고 내 본심. 그 두 가지를 적나라하게 만났습니다.

나는 끊임없이 무언가를 해 보이는 데에 관심을 두지만 하나님은 내가 어떤 사람이 되느냐에 관심이 있다는 것, 그래서 성경 인물들을 다루셨던 그 손길로 나 또한 동일하게 다루신다는 사실은 내게 큰 격려가 되었습니다. 그리고 하나님이 누른 버튼은 '멈춤'(stop)이 아니라 '잠시 멈춤'(pause)이라는 사실도 깨달았습니다.

성경을 제멋대로 해석하면 안 되지만, 상상 속에서 만나 함께한 성경 인물들과의 여정이 너무 귀해서 글로 남기게 되었습니다. 이 책을 읽는 모든 분들께 하나님의 마음이 온전히 전달되기를 바랍니다.

신소영

국제제자훈련원은 건강한 교회를 꿈꾸는 목회의 동반자로서 제자 삼는 사역을 중심으로
성경적 목회 모델을 제시함으로 세계 교회를 섬기는 전문 사역 기관입니다.

어느 날, 하나님이 내게서 사라졌다

초판 1쇄 인쇄 2012년 2월 29일
초판 6쇄 발행 2018년 12월 26일

지은이 신소영
일러스트 김상인

펴낸이 오정현
펴낸곳 국제제자훈련원
등록번호 제2013-000170호(2013년 9월 25일)
주소 서울시 서초구 효령로68길 98(서초동)
전화 02)3489-4300 **팩스** 02)3489-4329
이메일 dmipress@sarang.org

ISBN 978-89-5731-563-7 03230

※ 책값은 뒤표지에 있습니다. 잘못된 책은 구입하신 곳에서 교환해드립니다.